TUTTA COLPA DEL K-POP

SEOUL MAFIA

TUTTA COLPA DEL K-POP

DIARIO PANNOCCHIOSO DI UN ITALIANO IN COREA

DeAGOSTINI

Testo: Marco Ferrara
Illustrazioni: Ondine

Redazione: via Inverigo, 2 - 20151 Milano

www.deaplanetalibri.it

Stampa: DRUK-INTRO SPÓŁKA AKCYJNA - Polonia - 2020

INDICE

IL BRUTTO PANNOCCHIOLO

NON MI SONO MAI SENTITO UN PANNOCCHIONE

Il massimo complimento che abbia mai ricevuto nei miei primi vent'anni di vita è stato: «Sei la versione un po' più carina di Mr. Bean…»

UN PO' più carina?!

È come dire: «Sei la versione un po' più scienziata di Barbara D'Urso». Capite che la mia autostima non è mai stata così **FRIZZICARELLANTE**, sin dall'infanzia. Ricordo ancora la gioia che ho provato il giorno in cui mi hanno consegnato i primi occhiali da vista, neanche avessi ricevuto la pannocchia d'oro alla carriera: finalmente potevo nascondere, almeno in parte, un po' di quella faccia che proprio pareva non incutere **SENSUALITUDINE** alle persone intorno a me.

Vi lascio quindi immaginare il mio stupore quando, otto anni fa, appena atterrato in Corea, ho scoperto di essere un'icona di stile e **BELLEZZITUDINE**, incappando immediatamente nel primo dei tanti standard di bellezza coreani. Un

Ve l'avevo detto che ero uguale a Mr. Bean!

criterio che sembrava adattarsi perfettamente al mio caso.

Nemmeno il tempo di lasciare l'aeroporto di Seoul che il tassista, un uomo sulla sessantina, ha cominciato a lanciarmi segnali in codice con le mani e a dirmi cose in una lingua che ancora non riuscivo a capire. Dopo mezz'ora di Google Translate e coreografie con le mani neanche fosse la finale di *Amici* di Maria De Filippi, ho intuito finalmente il messaggio: il tassista stava cercando di dirmi che avevo la faccia piccola.

Esatto, la faccia piccola.
Scusa... ma in che senso?!

Ti pareva che il primo coreano con cui ho una conversazione dovesse essere un feticista delle piccole strutture ossee..., ho pensato tra me e me. Che poi, tra tutte le fissazioni, quella proprio mi sembrava un po' assurda.

Ero già pronto a fargli vedere quanto minuscolo fosse il mio metatarso, quando, all'improvviso, l'uomo ha fatto uno sforzo mostruoso, richiamando alla memoria tutto il suo inglese, per spiegarmi che: «*In Korea, beautiful!*»

Sarebbe troppo facile ora pensare: *Quindi ai coreani piacciono le cose piccole, ora si spiega tutto,* perciò non lo scriverò. Anche perché non sarebbe vero. Sappiate che, purtroppo, la situazione è molto più complicata, assolutamente non riassumibile in un semplice "piccolo è bello", ed essere *faighe* in Corea non è così facile, soprattutto se sei coreana.

La massima ambizione, l'obiettivo finale per entrare nel paradiso dei belli, è conquistare il tanto ambito "corpo 3D S-line".

E fin qui tutto chiarissimo, giusto?

Immagino di no. Pure io ho impiegato un po' di tempo a interiorizzare il concetto. Alla tenera e innocente ragazzina coreana media, però, è sufficiente guardarsi allo specchio per capire di che si tratta. Tutto ciò che vede, infatti, è un piattume unico, che manco il più incallito dei terrapiattisti. Sia che si metta di profilo, sia che si fissi negli occhi, potrebbe essere usata per tirare una linea dritta sul muro. Ha l'incredibile qualità di essere totalmente in bolla, in qualunque punto. È sprovvista del tutto di quei volumi tettari, ma anche di quelli

facciali e culari, che in altri corpi vanno a creare una sorta di forma a S. Insomma, mancano le curve: lei è un rettilineo.

E il problema si ripropone nel viso.

Fronte, naso e mento sono infatti leggermente più schiacciati rispetto ai nostri. Anche qui, zero volume. Il fatto che mamma, suocera, amici e vicini di casa continuino a ricordartelo ogni dieci minuti non aiuta a passarci sopra, e magari a convincerti che: *Be', ho tante altre qualità*.

In fin dei conti, chi vuole una vita piatta, quando può averne una 3D così facilmente e a basso prezzo? Sì, perché tenetevi forte: rifarsi tutti i connotati in Corea costa meno di quanto spendo mensilmente in scettri lunari di Sailor Moon, e ti regalano pure un set di pentole cambio Shimano. La pressione data dagli standard di bellezza e i prezzi così accessibili spingono una ragazza su tre ad andare sotto i ferri e il restante due terzi – che non se lo può permettere o non ha voglia di farlo – a sentirsi cessa patella. Questa pressione, ovviamente, la sente ancora di

più chi lavora sotto i riflettori, e anche io, quando ho fatto il mio ingresso nel mondo dello spettacolo coreano, ho dovuto farci i conti.

La prima cosa che ho capito sull'argomento è stata che i chirurghi coreani non sono esseri umani, ma magiche creature provenienti dal mondo fatato dei bisturi glitterati del cuore.

Non importa il livello di **TORENDUME** che hai quando entri in un ospedale chirurgico coreano, quando esci sei così gnocca/gnocco che chiamano un jet privato e ti buttano direttamente sulla passerella della nuova collezione di Victoria's Secret.

Ricorderò per sempre il giorno in cui il mio manager mi portò alla mia prima visita chirurgica: avevo solo ventitré anni ed ero nel pieno del mio training per diventare un idol. Le punturine magiche cancella-imperfezioni sono molto comuni nella schedule quotidiana di un idol e compaiono all'improvviso, quando meno te lo aspetti, subito dopo la lezione di canto e prima della visita dal podologo per la rimozione dei calli.

«Vestiti, Marco, ti devo portare a fare una visita.» Questo è tutto quello che mi ha detto quella mattina di agosto il mio manager, dieci minuti prima di uscire.

Per tutto il viaggio in macchina c'è stato un imbarazzante silenzio tombale. Io non osavo chiedere, lui non osava dire. Non parlavo così poco dall'ultima volta in cui mia nonna mi ha chiesto perché non avessi ancora la fidanzatina.

Ho realizzato ciò che stavo per fare solo una volta entrato dal dottore per quella che loro chiamano "una semplice visita dermatologica".

No, io quella semplice visita dermatologica non la volevo fare. Ho visto lo schieramento di aghi e siringhe, allineati come una promessa di bellezza totale, e mi ha preso il panico. Non ne faccio una questione di principio, è che sono agofobico e piango ancora durante i prelievi del sangue. Per la prima volta in vita mia volevo la mamma a stringermi la mano e forse anche il papà, ma chiamarli sarebbe stato inutile: il cambio dei connotati è una pratica che non avrebbero mai approvato. Non era neppure il caso di parlargli della visita che stavo facendo. Comunque a me è andata bene, sono stato fortunato. Le operazioni chirurgiche che fanno qui tendono, per lo più, a occidentalizzare il viso, e il mio lo era già abbastanza. Il chirurgo è stato clemente.

«È bello, ma con quel neo sulla guancia sembra un po' troppo Mr. Bean» ha detto al mio manager, parlando di me come se fossi una latta di tonno al supermercato, incapace di intendere e volere.

E te pareva!, ho pensato tra me e me. Ma almeno da un dottore specializzato non dovevo aspettarmi un commento un po' più scientifico? Com'è che ho sentito di nuovo la frase che mi dicevano i compagni di classe in terza elementare?

«Già che ci siamo diamo un po' di profondità al viso che sta cadendo verso il basso.»

Scusami tanto, dottore del mio cuore, ma se a ventitré anni

il mio viso stava già cadendo verso il basso ora che ne ho trenta dovrebbe essere ben sotto il livello del mare! Pochi minuti dopo un raggio fotonico stava già cancellando ogni segno **MR.BINIANO** dal mio corpo, mentre l'assistente preparava le siringhe che avrebbero finalmente dato quella giusta profondità al mio viso, rendendolo conforme all'elevatissima sensibilità coreana. Una profondità talmente fondamentale, di cui sentivo così tanto l'esigenza, che neanche la persona che mi ha messo al mondo ha poi notato la differenza, appena qualche giorno dopo.

«Ma dai! Hai tolto il tuo neo tira-baci!» è stata l'unica reazione di mia mamma al post-operazione.

Non so se mamma mi abbia tirato sfiga o se effettivamente quel neo che avevo sulla guancia sinistra fosse davvero un amuleto dell'amore, ma da quel giorno non ho più baciato nessuno per i successivi due anni.

Ma quali sono i passaggi fondamentali per evitare di essere **TORENDA/TORENDO**?

L'operazione più comune è quella della doppia palpebra, così popolare che è uno dei regali più richiesti dai figli ai genitori dopo aver completato il liceo. Come disse Socrate: «Scuola nuova, palpebre nuove».

Gli asiatici hanno il complesso dell'occhio piccolo. Una delle prime cose che Jiho mi ha detto, durante il nostro primo appuntamento, è stata: «Che occhi grandi che hai… sembri un cerbiatto!»

Mi aspettavo che finisse la frase con: «Sei proprio la versione **CERBIATTOSA** di Mr. Bean!», ma poi mi sono ricordato che in Corea sono un *faigone* potente. Paradossalmente, invece, una delle cose che mi piaceva di più di Jiho, oltre al suo bellissimo nasino cinese a patata, era la forma degli occhi. E il giorno in cui se li è rifatti mi è crollato il mondo addosso. Sapendo quanto fossi contrario all'intervento, ha approfittato di un momento in cui sono rimasto in Italia per quasi un mese, a causa di impegni lavorativi.

Non so neppure spiegare la sensazione che ho provato quando sono tornato e l'ho visto con i suoi occhi nuovi. Quando ti innamori di un viso e lo vedi cambiare, il tuo cervello entra in uno stato di confusione difficile da spiegare; era come se nella mia testa vedessi Tina Cipollari che balla la macarena vestita da Fenicottero Cileno.

Gli ho detto che lo avrei mollato se si fosse rifatto altro, anche perché la seconda operazione di chirurgia estetica più frequente in Corea è la rinoplastica, e sapete tutti l'ossessione che ho per il naso di Jiho.

Non so ancora spiegarmi questa fissazione nell'avere un naso conforme allo standard del perfetto triangolo rettangolo isoscele, so solo che

se a scuola mi avessero spiegato il teorema di Pitagora usando il naso di un coreano come esempio avrei imparato sicuramente tutto più in fretta.

Nonostante rifarsi il naso sia così comune, ammettere di esserselo rifatto è tutta un'altra storia. E nemmeno l'evidenza della perfetta piramide egizia che molti si ritrovano tra gli occhi incoraggia a parlare con onestà dei ritocchi chirurgici. Il mio primo amico a decidere di cambiarsi i connotati nasali è stato un idol.

Dopo due mesi di: «Scusami, devo cambiare la lettiera al gatto, non posso vederti», ho intuito che c'era qualcosa che non andava. Le ho pensate tutte: *Non siamo più amici, non mi stima più, non gli piace come cucino la carbonara.*

Ho insistito e quando finalmente siamo riusciti a incontrarci per vedere un film, guarda caso, proprio quel giorno era raffreddato e doveva indossare una mascherina sul viso.

Il mio intuito da Ispettore Gadget, però, mi ha spinto a indagare, così l'ho convinto a prendere un caffè prima del film, in modo da obbligarlo a togliersi quell'aggeggio malefico che teneva sul viso. Di fronte al caffè, ha dovuto arrendersi.

Ed eccolo lì, davanti ai miei occhi. Un capolavoro di precisione che neanche Michelangelo Buonarroti avrebbe potuto eguagliare: un misto tra un segnale stradale di pericolo e il becco di Picchiarello il Picchio Pazzerello.

La cosa che mi ha messo più in imbarazzo è stata la sua totale nonchalance: continuava a parlarmi come se nulla fosse. Cioè, aveva un'altra faccia!

La situazione era troppo surreale, ho provato a far finta di nulla, ma dopo tre minuti e mezzo non ce l'ho fatta più a evitare il discorso.

«TI SEI RIFATTO IL NASO?!» ho urlato con la stessa delicatezza che aveva mio padre quando mi lanciava addosso il set di mestoli di legno dopo l'ennesima insufficienza in italiano (*ciao, prof, sto scrivendo un libro*).

«Te ne sei accorto?» ha risposto lui con un tono tra il sorpreso e il "e ora che **PATASBRÈLLO** gli devo dire?!"

Ovviamente aveva il setto nasale deviato ed era stato costretto a rifarsi il naso per respirare meglio. Inutile dirvi che, per un'incredibile coincidenza, questo è lo stesso motivo che mi hanno rifilato tutte le altre persone a cui l'ho chiesto fino a oggi. Forse hanno proprio una malformazione nel DNA, poveri patatini.

Negli anni, questa epidemia di setti deviati ha cominciato a impressionarmi di meno. Ho smesso di sconvolgermi quando ho scoperto che c'è molto peggio. Sto parlando dell'operazione più estrema, quella che attira un numero altissimo di turisti che partono per quelle che chiamano "vacanze in ospedale". Purtroppo non è il nome di un cinepanettone di Boldi e De Sica, si tratta di un pacchetto che viene offerto da tante agenzie di viaggi, soprattutto in Asia: "Volo + Hotel + SEGATURA DELLA FACCIA".

Ed è esattamente quello che sembra.

Per ridurre la grandezza della propria faccia, c'è gente disposta a farsi limare le ossa e provare un dolore **INCREDÀIBBILE** per le settimane successive. Si affronta quella tortura per riuscire a rientrare nello standard di piccolezza facciale che la cultura del Paese impone, così da sembrare attraenti anche a tassisti ultrasessantenni con spiccate capacità coreografiche.

La prima volta che sono atterrato in terra coreana mi sembrava assurdo, eppure oggi la dimensione del viso è una delle prime cose che noto quando incontro una persona. E, altrettanto incredibile, poiché mio padre ha una faccia ancora più piccola della mia, in Corea è considerato persino più gnocco di me.

Dovevate vedere il sorrisino **SGHÈNZ** perenne che aveva la prima volta che è venuto a trovarmi.

La paura che facesse le corna a mia mamma con una modella coreana è rimasta fino all'ultimo secondo della sua permanenza e, sorprendentemente, mia mamma non sembrava neanche troppo dispiaciuta all'idea...

Mio padre ha davvero tutte le fortune estetiche, secondo

Padre e figlio. Due beddi maschuli siculi in una foto da calendario Pirelli.

gli standard coreani. Non ha solo il volto piccolo, ma è anche l'unico uomo mediterraneo senza peli.

L'uomo non glabro – come si dice... peloso? **SGLABRO**? – ecco, l'uomo sglabro non è ben visto, purtroppo. Se per noi il pelazzo folto è simbolo di virilità e mascolinità, qui è percepito semplicemente come un "non ti lavi".

Straordinariamente mio padre, grande adoratore della donna e degli sport estremi, è tutto spelato e liscio come il culetto di un bambino, mentre io che sono cresciuto a bamboline di Sailor Moon e pony rosa ho la foresta di Mordor che cresce rigogliosa sulle braccia.

Uno dei primi lavori che ho fatto quando mi sono trasferito a Seoul è stato l'insegnante di cultura italiana negli asili nidi. "Marco, l'insegnante scimmia": ecco come mi chiamavano colleghi e bambini, i quali passavano le lezioni a cercare di strapparmi i peli con tecniche Sayan che Goku potrebbe solo immaginare. Ho capito presto che, se volevo essere guardato come io guardo una confezione da 10 kg di Gocciole Pavesi, avrei dovuto depilarmi.

Ma vale davvero la pena patire tutta questa sofferenza per adattarsi ad assurdi standard di bellezza?

Se sei coreano, la risposta, mio malgrado, è sì.

Forse perché qui la bellezza è effettivamente una scelta, e se scegli di essere brutta/brutto poi devi assumertene la responsabilità.

Quanto a me, essere considerato bello qui mi ha sicuramente aiutato tanto a lavorare in televisione e nella pubblicità. Questo, però, non mi ha portato a sentirmi realizzato e amato abbastanza. Per anni ho stupidamente pensato che il merito dei miei successi fosse tutto dovuto a quel raggio fotonico di bellezza, alla mia faccia stretta e agli occhi tondi. Sembra paradossale, ma mi ha reso persino più insicuro. Ci ho impiegato un po' a capire che, **PANNOCCHIONE** o Mr. Bean, ho il diritto di amarmi per come sono fatto. E da quel momento ho trovato il mio posto nel mondo, mi sono sentito amato e apprezzato per davvero anche dalle persone che facevano parte della mia vita.

Non mi sento ancora un pannocchione, ma ho imparato a voler bene al mio Mr. Bean interiore.

GLOSSARIO

PANNOCCHIONE persona di sesso maschile dotata di incredibile bellezza, paragonabile a un'elegante pannocchia. Attenzione: sottoporre il pannocchione ad alte temperature NON creerà dei pop-cornini, ma poi perché dovreste mettere nel microonde 'sto povero ragazzo?

FRIZZICARELLANTE eccitazione assoluta che pervade il corpo, come se vi avessero stappato una bottiglia di acqua frizzante nello stomaco.

SENSUALITUDINE capacità di pervadere la stanza con onde energetiche al profumo di peperoncino e Valeria Marini, alzando notevolmente la temperatura.

BELLEZZITUDINE sistema di misurazione ufficiale per definire la bellezza di qualsiasi creatura vivente e non. Se non lo sapevi ti mancano proprio le basi della grammatica basilare.

TORENDUME oscura aura che regala sensazioni orribili, paragonabili a Barbara D'Urso che ti fa una ramanzina e ti chiude il collegamento con lo studio senza preavviso.

TORENDA/TORENDO bruttezza, orrenditudine oggettiva. Esempio: quella borsa è così torenda che non posso più essere tua amica. Addio.

CERBIATTOSO occhioni a palla che ti guardano con una tenerezza che ti convincerebbe a fare qualsiasi cosa. Qualsiasi.

COSA È BELLO IN COREA

SUV Con il suo set di pennelli per make-up sempre in borsetta, il maschio coreano potrà forse non essere lo stereotipo mondiale di macho mediterraneo, ma quando si tratta di macchine la loro anima da tamarretti da bar sportivo esce fuori più che mai. Avere il macchinone è bello e importante. Non fa niente se non puoi permettertelo, per quello esistono le rate!

POMERANIAN Non so, mi pare sia l'unica razza di cani presente a Seoul. Piccoli adorabili topolini, che però li mortacci loro quanto abbaiano! Soprattutto quando i padroni litigano alle 4 del mattino. Un giorno prenderò coraggio e andrò a lamentarmi al piano di sopra.

SBRILLUCCICHIO No, non mi riferisco alla bigiotteria. È il vostro viso che deve brillare di luce propria con l'aiuto di creme e fondotinta pieni di olio. In Corea del Sud, una pelle lucente (anche un po' effetto "unto") è considerata bella e sana. Se volete conquistare qualcuno, sappiate che basterà immergervi in un barile di olio extra vergine d'oliva.

QUALSIASI COSA CHE SIA INSTAGRAMMABILE Festival dei fiori di ciliegio, caffè colorati, vostra nonna che si scaccola. Tutto vale se è per accaparrarsi qualche like. Le ore di fila che ho fatto per una foto nel ristorante più "in" del momento mi hanno aiutato a meditare su tanti misteri della vita, tipo come io sia arrivato a scrivere un libro.

PICCOLE PANNOCCHIE CRESCONO

DUE COINQUILINI E UN CHIHUAHUA ARRABBIATO

Il piano era semplice: sarei arrivato in Corea, avrei sculettato graziosamente in un paio di sale di danza e, come per magia, avrei ottenuto un contratto milionario con una famosa agenzia, che mi avrebbe trasformato nel nuovo idolo delle folle coreane.

Credibilissimo, no?

Eppure… ero già atterrato da qualche minuto e ancora non era successo niente. Dov'erano i tappeti di rose rosse e gli oceani di concubini etruschi che urlavano il mio nome?

«Se non combino niente entro un mese, torno a casa» avevo

detto al mio babbo, che era contrario alla mia partenza, neanche stessi andando in guerra. Ripensandoci, forse non sarebbe stato contrario se fossi partito davvero per la guerra: mi avrebbe fatto diventare più "uomo", anche perché avrei oggettivamente sbaragliato tutti i nemici col potere del Cristallo di Luna.

Eppure lui per primo era scappato dalla Sicilia per venire al Nord e per inseguire i suoi sogni... Perché non capiva che per me era la stessa cosa?

Ci era voluta tutta la buona volontà di mia mamma (e probabilmente qualche sua terribile minaccia) per convincerlo a farmi partire.

Avevo solo trenta giorni per realizzare i miei obiettivi e cambiare la mia vita. Non avevo tempo da perdere!

Se avete l'impressione che mi fossi montato la testa, manco fossi la Hunziker al suo quarto Tapiro d'Oro, avete ragione.

Non era colpa mia, però. O meglio, non del tutto.

Il fatto che l'estate precedente fossi riuscito a comparire per ben due volte alla televisione nazionale coreana, con uno sforzo abbastanza modesto, aveva finito per darmi un'idea leggermente distorta delle mie possibilità.

Grazie a YouTube e ai video che caricavo, ero stato contattato per partecipare ai provini europei della versione coreana di *X-Factor*, che si sarebbero tenuti a Londra.

Sì, i coreani pensano che una semplice selezione nazionale non sia sufficientemente grandiosa per i loro programmi, così organizzano audizioni in quasi ogni continente.

Ma vi immaginate i provini di *Amici di Maria De Filippi* in, che ne so, Brasile? Probabilmente si presenterebbero meno persone di quelle che partecipano di solito alle mie feste di compleanno (l'anno scorso, per la cronaca, eravamo in quattro).

Eppure a Londra il casting era affollato.

Era pieno di gente, sì, ma *io* ero stato chiamato dalla redazione. Ricordo ancora come cercassi di capire perché sul mio modulo di accettazione ci fosse una scritta in coreano, un appunto lasciato a mano che non compariva sui fogli degli altri.

«Scusa, puoi dirmi cosa c'è scritto?» ho chiesto al primo coreano che ho incontrato.

«Raccomandato» mi ha risposto.

Ah.

Ho passato la prima selezione e sono volato in Corea per partecipare alla seconda fase. Era la prima volta che partecipavo come concorrente a un programma televisivo così popolare. Sono arrivato all'aeroporto di Seoul e ho trovato ad accogliermi giornalisti, telecamere, luci, microfoni. Mancava solo Mara Venier in diretta dagli studi di *Domenica In*, con uno speciale su quanto mi stessi KAKAINTO sotto in quel momento.

Tutto molto bello, ma se fornisci questo trattamento a un Leone ascendente Vergine, il suo ego non può che sprizzare verso la galassia di Andromeda.

Un ego che poche ore dopo è ri-precipitato sul pianeta Terra **SBRAMBELLOSAMENTE**, quando sono stato eliminato dal programma, o meglio, quando ho capito di essere stato eliminato dal programma.

Consiglio super importante: non partecipate a programmi che vanno in onda sulle TV nazionali, se non avete almeno le basi della lingua del Paese in cui vi trovate.

So che, forse, tre enormi croci rosse con tanto di faccina triste dei giudici potevano essere segnali abbastanza eloquenti della mia eliminazione, ma io non volevo crederci.

Tutte quelle ore di allenamento e di viaggio buttate al vento in meno di cinque minuti.

Ero convinto di avere l'X Factor, e invece la prima frase che ho imparato in coreano è stata: «Per me è un no».

Eppure non avevo cantato così male, pensavo. Poi ho visto la puntata. Tre anni dopo.

Come se una semplice umiliazione totale subita alla TV nazionale davanti a milioni di persone potesse abbattermi.

Neanche un mese dopo, sono stato contattato da un altro importante canale televisivo per partecipare a un concorso

mondiale in cui gruppi di ballerini provenienti da diversi Paesi si sfidavano su coreografie K-pop.

Io ero stato scelto come rappresentante dell'Italia, ed era bastato quello a mettere nuovamente l'ego del mio leoncino sul razzo diretto verso "Lady-Gaga-può-solo-allacciarmi-le-scarpe-LANDIA".

Ed è stato lì, in Spagna, che ho capito il senso della vita. A fare da giudici al programma c'erano i BEAST, nota boy band K-pop che, ai tempi, era al picco della fama.

Il mio primo contatto con degli idol.

Vederli dal vivo e parlarci ha suscitato in me emozioni incredibili e ha smosso flussi sanguigni in luoghi decisamente non adatti a essere ripresi dalle telecamere.

Come potevano essere così perfetti? La loro pelle sembrava di porcellana almeno quanto i loro denti (col cavolo che in natura esistono denti così bianchi, dai…). Essere lì, al loro cospetto, mi ha dato una carica **SBARABUMBAMBAM**, neanche mi avessero iniettato per endovena una dose di… Aspettate, questo è un libro per ragazzi.

Una dose di gioia e amore.

E quel giorno, signore e signori, io e gli altri ragazzi del gruppo abbiamo oggettivamente spaccato.

Ci sono cose nella vita che sono opinabili: il senso della vita,

A Parigi a cercare di passare l'audizione ballando la famosa "danza della panza".

la sfericità della Terra, il mio italiano, ma non la performance di quella serata.

Ci siamo guadagnati una standing ovation sia dai Beast sia da tutto il pubblico.

«Siete stati i migliori!» ci urlavano gli altri partecipanti.

Il mio leoncino interiore era appena diventato Primo Ministro di "Lady-Gaga-Può-Solo-Allacciarmi-Le-Scarpe-LAND-IA" ed era pronto a volare in Corea per la finalissima, quando è arrivata la notizia che mai mi sarei aspettato di sentire.

Non avevamo superato la selezione. Al nostro posto era passata una ragazza molto meno talentuosa danzereccimamente parlando, ma con una commovente storia fatta di violini e lutti famigliari.

Con tutto il rispetto per la ragazza, pensavo fossimo a un concorso di danza, non a *Pomeriggio Cinque*.

Ed è proprio quell'incredibile sensazione di amaro in bocca che mi ha spinto a trasferirmi in Corea del Sud da lì a pochi mesi.

L'amaro in bocca e il pannocchiùme dei Beast.

L'amaro in bocca del pannocchiùme dei Beast. Ok, la smetto. Promemoria: libro per ragazzi.

Se mi avevano scelto due volte per dei progetti così importanti, potevo essere scelto anche una terza e una quarta, e prima o poi qualcosa sarebbe successo.

Ero certo: *Vado in Corea e in un mese mi sistemo*, pensavo.

Mi sono fiondato sul sito di Air B&B e ho prenotato una stanza per trenta giorni. Nello specifico, ho affittato la camera di una ragazza straniera, che doveva tornare nel suo Paese per qualche settimana. D'accordo con i suoi coinquilini, aveva deciso di trovare un subaffittuario, e il fortunato ero io!

La mia prima dimora nel Paese dei miei sogni. Forse non era la casa più moderna e figa che potessi trovare, ma a me sembrava tutto bello e surreale.

Ed eccola lì, finalmente, la mia stanza. Ero così emozionato che tremavo dall'eccitùme. Ho aperto la porta e… ho trovato proprio quello che avrei voluto vedere nella mia prima camera a Seoul: un enorme escremento di cane sulle lenzuola!

La tizia si era dimenticata di comunicarmi un piccolissimo dettaglio: aveva un cane.

OH, SCUSA, MI SONO SCORDATA DI DIRTELO, C'È ANCHE UN CANE: È UN PROBLEMA?, ha risposto al mio messaggio.

Ma guarda i casi incredibili della vita! Si era dimenticata proprio di *quel* particolare, eh? Ma che sbadatina sbadatella!

Avevo appena affrontato un viaggio di oltre 30 ore, con due valigie enormi che potevano contenere tranquillamente tutta la mia famiglia fino ai cugini di secondo grado per quanto pesavano, e l'unica cosa che volevo era buttarmi sotto la doccia.

C'era ben poco da fare. Mi sono tenuto la stanza e il cane.

Era un bastardino piccolo, sicuramente con un parente chihuahua. Minuscolo ma fastidioso, arrabbiato con il mondo in generale e con me in particolare.

Sentiva che dormivo nel letto della padrona e questa situazione non gli piaceva affatto. Come forma di silenziosa protesta, continuava a espletare i suoi bisogni sul mio letto e a svegliarmi alle 6 con i suoi ultrasuoni. Ogni mattina sembrava il concerto di Natale di Mariah Carey. L'altro suo genitore era chiaramente un delfino.

Per quanto lo odiassi, dovevo portarlo fuori e prendermi cura di lui, in quanto dotazione della stanza.

Per fortuna, oltre al cane, nell'appartamento c'erano altri due inquilini. La prima era una francese splendida e misteriosa, che passava le giornate chiusa in casa a mangiare. Una di quelle ragazze che può mangiarsi un brontosauro del Brunei e non ingrassare di mezzo grammo, e che quando le chiedi: «Qual è il segreto della tua bellezza?», ti risponde: «Bevo tanta acqua».

Non raccontava mai niente delle ragioni che l'avevano portata in Corea ma, diamine, non poteva essere perennemente in vacanza! Usciva alla sera, tornava un po' brilla, fine dei suoi impegni. Sapevo che era a Seoul da almeno un anno, quindi doveva mantenersi in qualche modo. Alla fine ho scoperto la verità: era impiegata in un locale di intrattenimento per uomini, con compiti della massima importanza, quali versare da bere nei bicchieri dei clienti e sorridere.

«Niente di più!» ha giurato quando ho confessato di conoscere il suo piccolo segreto.

Ho finto di crederle.

L'altro coinquilino era un coreano di nome Iron, tamarro almeno quanto il suo nome.

«Iron, come Iron Man» ha giustamente specificato. E non penso di dover aggiungere altro.

Se vi state chiedendo come possa un coreano essere l'equivalente asiatico di una **VRENZOLA** napoletana, la risposta è solo una: era un *gyopo*.

I *gyopo* sono coreani nati e cresciuti all'estero e qui in Corea sono una categoria sociale molto precisa.

A vederli sembrano autoctoni in tutto e per tutto, ma in realtà di coreano hanno poco e niente, e spesso non parlano neanche la lingua. Di *gyopo* ce ne sono parecchi.

Breve parentesi seria-storica-culturale che in un libro ci sta.

Fino a qualche decennio fa, la Corea era un Paese davvero povero. Capitava che le ragazze fossero costrette a lasciare i figli negli orfanotrofi, perché non potevano permettersi di crescerli. Gran parte di quei bambini è stata adottata da famiglie che vivevano negli Stati Uniti o in Australia. Di coreano, quindi, non avevano più nulla, tranne l'aspetto. E quando, ormai cresciuti, alcuni di loro sono tornati in Corea alla ricerca delle loro origini, sono stati identificati con il termine di *gyopo*.

Altri *gyopo* sono figli di coreani emigrati negli Stati Uniti, i cui genitori non hanno voluto insegnare loro la lingua madre per proteggerli da possibili discriminazioni e farli crescere totalmente americani e integrati nel loro nuovo Paese. Qualcuno ha poi scelto di tornare in Corea, approfittando della facilità con cui un americano può vivere – e ottenere anche un discreto successo – in Corea.

Infatti fino a qualche anno fa bastava essere

madrelingua per insegnare inglese in scuole e accademie, con tanto di alloggio pagato e uno stipendio molto più che dignitoso.

Chiusa parentesi.

Perciò questi sono stati i miei coinquilini nel mio primo mese in Corea: un cane arrabbiato, una gattamorta francese, e un *gyopo* in cerca delle sue radici...

Come se i provini, le lezioni di danza e la pulitura quotidiana di defecazioni animalesche non mi stressassero abbastanza, in quella casa hanno deciso che fosse cosa buona e giusta cominciare un'intricata storia d'amore in puro stile drama coreano.

La bella e misteriosa francesina dai lunghi capelli neri, infatti, proprio non capiva che gettarsi tra le braccia di Iron per riempirlo di bacini su tutto il corpo poteva generare nel ragazzo false speranze.

E così ogni giorno mi trasformavo in "Marco, psicologo senza nessun titolo di studio adeguato".

«Guarda, forse non dovresti svegliarlo leccandogli l'orecchio, se non sei interessata a lui» dicevo a lei.

«È francese» dicevo a lui.

In quell'appartamento ci sono rimasto un mese, poi la padrona del cane è tornata. E io sono finito in un seminterrato, più adatto al mio limitato budget.

Sì, perché a questo punto anche il Marco ventenne si era reso conto che un mesetto scarso non era abbastanza per conquistare l'Oriente.

E non vi dico con quanta gioia abbia appreso questa notizia il mio babbo. Leggende narrano che non abbia parlato a mia mamma per settimane. Voci di corridoio dicono che mia madre si sia goduta la pace e abbia scoperto la sua passione per le soap opera argentine.

Gossip a parte, la situazione a casa era molto precaria: non potevo certo chiedere soldi per affittare un appartamento dignitoso...

Nel mio nuovo alloggio non c'erano cani, ma in compenso poteva vantare enormi blatte.

La Corea ha questo problema: le sue città sono state costruite in fretta e al risparmio. Diciamo che le parti strutturali degli edifici sono spesso tirate su alla **PARALLALLERO PARALLALLÀ**. Nonostante non ci siano rifiuti per strada, ci sono zone di Seoul che puzzano proprio.

La mia seconda casa era infestata dagli scarafaggi, è vero, ma lì ho conosciuto l'angelo custode che mi ha salvato. Un angelo comparso prendendo la forma di mio zio Mimmo.

Sì, il mio nuovo coinquilino era IDENTICO a Mimmo, il fratello di mio padre.

Capire come facesse un coreano di Seoul a sembrare un insegnante di educazione fisica messinese va oltre le mie capacità intellettuali, ma forse il destino voleva semplicemente darmi una figura familiare e farmi sentire un po' più a casa in un Paese che di italiano aveva poco e niente.

Mimmo era un quarantenne single. In Corea, queste caratteristiche – quarantenne e single – possono voler dire solo due cose: o sei un pericoloso psicopatico con tendenze omicide, o sei gay. C'è una regola ferrea, inderogabile: entro i trent'anni ci si sposa. Quando stai per raggiungere quella fatidica soglia, se sei tanto orribile da essere single, piuttosto ci pensa la società a venire in tuo aiuto. La mamma, i genitori, i parenti, gli amici, e/o il portinaio ti organizzano appuntamenti al buio, nella speranza che tu, finalmente, incontri l'anima gemella.

Sogeting, così si chiamano questi diabolici incontri creati per la riproduzione del genere umano.

La cosa peggiore che può succedere è partecipare a un *sogeting* di gruppo, l'apice dell'umiliazione: immaginate un tavolo con dieci uomini e dieci donne. Ci si parla, ci si conosce, e alla fine ciascuno scrive su un biglietto il potenziale partner preferito, quello che potrebbe sposare.

Gli standard di bellezza coreani, però, sono severi e precisi ed è raro che capiti che qualcuno possa ritenere bello un ragazzo che ad altri non piace. Il discorso dei "gusti personali", qui, non vale: uno è bello oppure è brutto in modo oggettivo. Il risultato è che alla fine tutti scrivono come preferenza sul loro foglietto il nome di quello bello (o almeno il più bello del gruppo), e gli altri ottengono zero preferenze.

Con le nuove generazioni le cose stanno cambiando, e la regola dei trent'anni viene interpretata con meno severità, ma i genitori sono ancora saldamente ancorati a quella mentalità.

Il mio inquilino quarantenne single aveva decisamente qualcosa di strano e sospetto.

«Non mi sposerò mai!» ha urlato una sera a sua mamma, durante una lite. In quel momento ho capito tutto.

L'ho raggiunto e ho fatto la fatidica domanda: «Ti piace Lady Gaga?»

«Certamente!» mi ha detto, **ECCITATOSISSIMO**.

ZAC! BECCATO!!!!

Abbiamo finito per fare una comune ammissione di pannocchiaggine.

Vivere con un coreano, per di più omosessuòso, è stata la mia salvezza. Perché sì, condividere l'appartamento con una francese e un chihuahua era stato fantastico, ma mi erano mancate le nozioni base sulla cultura coreana, quel genere di dritte che nessuna lecca-orecchie francese e nessun chihuahua avrebbe potuto darmi, cose su cui solo uno del posto avrebbe potuto illuminarmi.

Così, per esempio, ho scoperto che il mio modo di parlare aveva dei problemi.

Davo del "tu" a chiunque, che in Corea è l'equivalente di offendere un parente stretto e augurargli cacarella cronica a vita.

Se incontri qualcuno più grande di te, non sei autorizzato a rivolgerti a lui con quella scioltezza informale. Se ti rivolgi a un ragazzo più grande, devi usare una parola traducibile come "fratello maggiore". Con un "ciao" sbagliato ti bruci la carriera, in Corea.

Mimmo mi ha insegnato a inchinarmi sempre quando incontro qualcuno, a non rispondere a tono ai miei capi e, soprattutto, a non fidarmi troppo dei ragazzi coreani, soprattutto quelli omosessuòsi.

«Qui quasi nessuno fa coming out. Si preferisce sposare una povera ragazza ignara delle tue preferenze pannocchiali e vivere insieme a lei nella menzogna. Non affezionarti troppo» mi ripeteva ogni volta che gli dicevo che avevo incontrato qualcuno di carino.

Severo ma giusto.

I suoi insegnamenti di vita mi hanno evitato il licenziamento immediato da tutti i lavoretti che da lì a poco ho iniziato. Perché sì, ormai ero consapevole che non avrei potuto vivere di aria e amore ancora a lungo, e avevo capito che il mio "semplice" piano per la conquista della Corea si stava trasformando in qualcosa di estremamente più complesso.

GLOSSARIO

KAKAIRSI SOTTO pensavate fosse un peto, eh?

SBRAMBELLOSAMENTE improvviso e con risultati inaspettati. Come il peto che avete tirato prima.

CARICA DI SBARABUMBAMBAM potente carica di adrenalina che crea una forte aura di luce intorno al corpo che vi... Ah, no, quello era Goku. Potente carica di adrenalina.

FARE QUALCOSA ALLA PARALLALLERO PARALLALLÀ compito portato a termine, ma senza raggiungere risultati eccelsi. Tipo questo libro.

4 REGOLE DA SAPERE
PER AVERE SUCCESSO IN COREA

1. **LA COREA È IL PAESE PERFETTO** È molto difficile per un coreano accettare una critica mossa al suo Paese da uno straniero, specialmente se pronunciata in televisione o in situazioni importanti. Fate finta, almeno all'inizio, che tutto sia bello. Un mondo perfetto dove tutti si vogliono bene e regalano pannocchie alla griglia a ogni angolo.

2. **IMPARATE LO SLANG** Se volete far ridere i coreani, imparate qualche frase in dialetto: vi farà diventare il loro idolo forever and ever. Ormai troppi stranieri parlano coreano fluentemente, perciò dovete avere quella marcia in più che vi differenzia dagli altri e che dimostra che amate alla follia la cultura e la lingua coreana.

3. **ANDATE ALLE FESTE E MANGIATE A PIÙ NON POSSO!** Come nel resto del mondo, anche in Corea le connessioni e gli "amici di amici" sono importantissimi. La maggior parte delle persone che mi hanno cambiato la vita le ho incontrate per caso a delle feste o in discoteca. Fatelo finché potete perché ora, a trentuno anni, con la cippa lippa che riuscirei ad andare a ballare ogni sera come facevo appena arrivato!

4. **PREPARATE DEI BIGLIETTI DA VISITA** Nonostante Seoul sia una delle città più tecnologiche del mondo, alle feste il biglietto da visita è la cosa che fa veramente la differenza. Non so quale potere magico racchiuda... forse dà un po' quell'aria da "ci tengo così tanto a lavorare che ho perso un pomeriggio a decidere il font con cui scrivere il mio nome".

MANGIA, PANNOCCHIA, AMA

10
8
9

PROVINI IN UNA LINGUA SCONOSCIUTA

Chi l'avrebbe detto che per realizzare i propri sogni bastava semplicemente lasciare famiglia e amici e trasferirsi a ventidue anni da solo dall'altra parte del mondo!

Quando da bambino mi chiedevano quale fosse il mio sogno più grande, avrei tanto voluto rispondere: «Diventare una pop star di fama mondiale per esibirmi di fronte a migliaia di persone», ma non ci credevo neanche io e il massimo che riuscivo a dire era: «Montare le cassettiere dell'IKEA», che poi era anche il tipo di solida carriera che mio padre sognava per me.

Sono sempre stato un ragazzo molto concreto e non ho mai creduto in nulla che non potessi vedere con i miei occhi. (Tipo Babbo Natale: se fosse davvero esistito, avrebbe dovuto portarmi il camper dei sogni di Barbie e non quell'orrendo camion dei Carabinieri delle Micro Machines.) Aggiungeteci il fatto che ero insicuro, effeminato, balbuziente e con gli occhiali, praticamente il perfetto compagno di scuola da prendere per il **CIPÈLLO** 24 ore su 24. «Ferrara fa le spaccate sulle pannocchie» mi urlavano a ogni intervallo.

Ma chi la sa fare la spaccata?! Ero snodato quanto una confezione di Dixan al pino selvatico del Bremonte e l'unica cosa che riuscivo a spaccare erano i piatti di ceramica della nonna nel tentativo di emulare Beyoncé. Possibile che fossi così sfigato che anche gli insulti che ricevevo erano sovrastimati rispetto al mio reale talento?

Eppure io sapevo di avere una Beyoncé interiore in grado di fare le migliori spaccate del mondo, dovevo solo trovare la motivazione giusta per farla emergere.

Poi l'ho trovata: a quindici anni mi sono imbattuto nel mio primo video musicale K-pop su YouTube ed è stato amore a prima visualizzazione. La musica, i vestiti, le coreografie e la **FAIGAGGINE** interplanetaria degli interpreti mi trasportavano in un mondo in cui mi sentivo finalmente capito e accettato.

Un mondo in cui un ragazzo con i capelli rosa può ballare, e non solo non viene insultato, ma viene addirittura idolatrato. Era arrivato il momento di smettere di nascondere la mia Beyoncé interiore e darle l'opportunità di essere amata e apprezzata da un pubblico in grado di comprenderla. Volevo anche io potermi esibire con una giacca glitterata arcobaleno cosparsa di fiocchetti rosa senza sembrare l'albero di Natale ubriaco di Alfonso Signorini!

Così, mi sono iscritto al mio primo corso di danza.

Gli anni passavano e quella che agli occhi di tanti poteva sembrare una semplice passione per conici ortaggi orientali in realtà stava diventando una vera e propria ossessione.

Ho cominciato a partecipare a ogni audizione K-pop, ovunque fosse.

Non mi interessava quale casa discografica lo lanciasse, appena trovavo su Internet un provino, mandavo il mio curri-

Perso a New York. Così tanto da non trovare un parrucchiere decente. Ma che capelli avevo?!

culum e cercavo modi più o meno loschi di racimolare i soldi per intraprendere il viaggio. Avrei dovuto capire che stavo un **CICCINÌN** esagerando quando, nel giugno del 2011, sono volato fino a New York per affrontare un importante provino indetto da una nota casa discografica coreana, ma il giorno dell'audizione ho trovato l'azienda chiusa. Avevo letto "June" al posto di "July" ed ero arrivato giusto con un mesetto di anticipo.

Ma il Marco ventenne non era così **PÀIRLA** come state pensando in questo momento, e solo pochi mesi dopo mi è arrivata finalmente l'illuminazione astrale risolutiva, quella che mi ha portato a una conclusione estremamente sconcertante: per diventare famoso in Corea sarei prima dovuto ESSERE in Corea.

A ripensarci ora, dovrei scrivere un libro intitolato *Come convincere i propri genitori a lasciarti andare in Corea per diventare una pop star nonostante tu sia un caucasico che non conosce una* **CIPPA LIPPA** *della lingua*, perché in quello ho dimostrato un vero talento: neanche tre mesi dopo ero sul mio primo aereo per Seoul.

Come si descrive l'emozione di un ragazzino che passa dal vivere in un paesino di 7000 persone, con la sagra della polenta Valsugana come evento più atteso dell'anno, a una megalopoli di quasi 10 milioni di abitanti, che se esci per andare a comprare la carta igienica e giri all'angolo sbagliato ti ritrovi alla fiera del laser fotonico sparato da ombrellini da cocktail a ritmo di lambada?

Poche ore dopo il mio arrivo, ho realizzato un dettaglio a cui non

avevo dato troppa importanza prima di partire: in Corea del Sud ci sono un sacco di coreani.

Fidatevi: non è facile mantenere la concentrazione quando ogni due metri ti ritrovi davanti l'uomo dei tuoi sogni, e incominci a farti i film sul dove vi sposerete e quanti figli adotterete.

Le tentazioni erano davvero troppe e i miei ormoni stavano impazzendo più di quanto faccia mia mamma quando trova le zucchine scontate all'Esselunga.

Anche se io non mi ero certo fatto 22 ore di volo solo per incontrare l'uomo della mia vita, ho impiegato circa due settimane a realizzare il vero motivo per il quale ero approdato in Corea.

Così mi sono iscritto alla mia prima accademia di formazione per aspiranti pop star, dove avrei affrontato ore e ore di allenamento intensivo giornaliero che trasformerebbero in un ballerino anche un tubo del gas.

Otto anni fa la Corea non era ancora conosciuta nel mondo come lo è oggi. I pochi turisti erano soprattutto asiatici, e gli occidentali venivano perennemente fissati e studiati da ogni essere vivente che li circondava, come se fossero appena atterrati sulla Terra da un pianeta lontano a bordo di un unicorno alato rosa shocking con la voce di Maurizio Costanzo.

Figuratevi se una di queste figure mitologiche fosse entrata nella vostra accademia per chiedervi in una lingua etnica sconosciuta: «*How much for one lesson?*»

Il panico. Se fossi entrato con in mano un candelotto di dinamite acceso avrei probabilmente creato meno caos.

«*NO NO NO NO! SORRY*» mi ha detto la segretaria, in preda a un attacco di panico.

Ma esattamente a che cosa stava dicendo "no", se non avevo ancora aperto bocca?

Non mi sono arreso e ho sfoderato l'arma segreta creata dal mio popolo per conquistare il mondo: Google Translate.

La tecnologia del mio universo alieno ha avuto la meglio, e dopo dieci minuti e tanto imbarazzo, sono finalmente riuscito a iscrivermi a tutte le lezioni.

Ancora oggi mi sento in colpa per quella povera segretaria, sono quasi sicuro che dopo la nostra conversazione sia entrata in menopausa precoce.

Passavo così tanto tempo dentro quelle sale di danza che, nonostante comunicassi meglio con il fico d'india che c'era negli spogliatoi, vedevo gli insegnanti dell'accademia come una mia seconda famiglia. La mia storia aveva colpito molto le persone che lavoravano lì e sentivo che venivo trattato con più riguardo rispetto agli altri allievi.

Se una bambina osava sbagliare la coreografia, si prendeva delle urla neanche avesse ammazzato il gatto dell'insegnante per farci una zuppetta piccante.

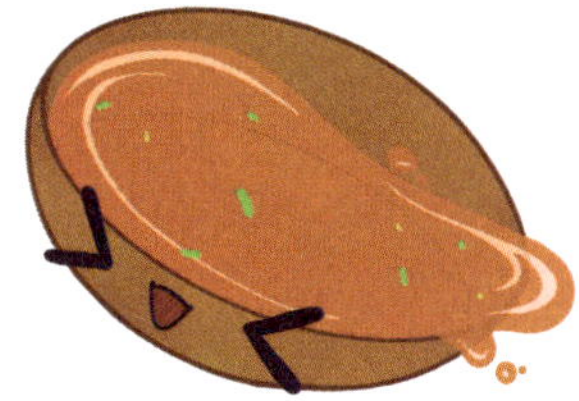

Io di solito me la cavavo con un: «Non ti preoccupare, forse in Italia non siete abituati a lavorare così tanto», che sinceramente non ho mai capito se fosse un modo di confortarmi o un insulto.

Fossi stato trattato come i bambini locali, avrei imparato molto di più su come funzionavano le cose nel mondo dello spettacolo coreano e, con ogni probabilità, non avrei fatto quel grossissimo errore che da lì a poco mi avrebbe portato a vivere uno dei momenti più difficili e oscuri della mia vita.

Forse non tutti sanno che prima di aprire il mio canale "Seoul Mafia" caricavo video dei miei allenamenti di danza su un altro canale chiamato semplicemente "Marco Ferrara".

YouTube ha cambiato il corso della mia vita svariate volte.

Non solo mi ha fatto scoprire la Corea e dato un lavoro che mi permette di pagare le bollette, urlando come una foca monaca a un concerto degli One Direction, ma mi ha anche fatto scoprire da quella che poi sarebbe diventata la mia etichetta discografica.

Era primavera, gli uccellini cantavano, i fiori di ciliegio sbocciavano ed Enzo Miccio debuttava a *Ballando con le Stelle*.

Proprio mentre ero incantato dagli intricati movimenti di Enzo durante il suo valzer, la notifica di una nuova mail ha interrotto la mia visione. Mettendo da parte la mia estrema incavolatura, ho deciso di aprirla e controllare chi osasse disturbarmi.

Abbiamo visto i video sul tuo canale, saresti interessato a fare un provino per la nostra agenzia?
– Pannocchia Entertainment

Per ovvi motivi non posso svelare il vero nome dell'etichetta discografica, ma tutto il resto, anche se sembra surreale, era vero. La mia **FELICITÙDINE** non raggiungeva livelli così alti da quando ho scoperto di non essere stato bocciato all'esame di maturità. Anche Enzo sarebbe stato orgoglioso di me.

Qualche giorno dopo è arrivato il fatidico provino che mi avrebbe cambiato la vita. O, se proprio non la vita, almeno le abitudini alimentari.

I discografici avevano prenotato la sala di una scuola di danza, il direttore con due assistenti erano seduti dietro una scrivania a provinare altri aspiranti pop star, quando io sono arrivato.

Non so perché, ma mi ero convinto che sarei stato l'unica persona a essere scrutinata, e vedere così tanti ragazzi in fila ad aspettare il proprio turno mi ha messo un'ansia che neanche la finale di *Amici* quando girano le carte che decretano il vincitore poteva provocarmi.

Niente, Marco, sarà per la prossima, ho pensato tra me e me, e paradossalmente forse questo mi ha permesso di passare l'audizione, perché

mi sono rilassato e ho pensato semplicemente a divertirmi mentre cantavo in una lingua a me ancora sconosciuta

sperando di non sbagliare la pronuncia di qualche parola e mandare per errore tutti a quel paese, come era già successo a un altro provino.

Il direttore della casa discografica era un uomo davvero misterioso. Capelli brizzolati ma pelle di un bambino di otto anni. Forse il trucco per non avere rughe d'espressione è proprio non avere espressioni. Non ho mai capito cosa pensasse veramente, né se quello che diceva fosse sincero o no. Ogni sua frase era così monotona che poteva dire: «Ti voglio bene» e «Ti auguro un anno di cagarella» con la stessa intonazione.

«Grazie, Marco, verrai contattato in caso di esito positivo» mi ha detto con il suo tono indecifrabile.

Con mia grande sorpresa, la sera stessa mi è arrivata una chiamata da un numero sconosciuto: «Complimenti! Sei stato selezionato per entrare nella rosa dei *trainee* della Pannocchia Entertainment! Ci vediamo domani alle 16 per un meeting con gli altri ragazzi».

Quella notte non sono riuscito a dormire dall'**ECCITÙME**.

Il mio cervello ha iniziato il suo solito turbinio di paranoie e domande esistenziali: *Quanto* **SGNÒCCOLI** *sarebbero stati gli altri ragazzi? Mi avrebbero accettato senza problemi nonostante non fossi asiatico? Ma soprattutto: QUANTO SGNÒCCOLI SAREBBERO STATI GLI ALTRI RAGAZZI?*

Il giorno dopo ci siamo incontrati in un caffè. Non avendo dormito, avrei avuto tutto il tempo di prepararmi per bene, e invece sono riuscito comunque ad arrivare in ritardo di 10 minuti, che in Italia sono dieci minuti ma in Corea valgono quanto un'ora e tre quarti, facendo una **TORRÌBILE** prima impressione agli altri quattro membri della band.

Nonostante il mio imperdonabile ritardo, tutti mi hanno accolto con un sorriso che non mi pareva neanche troppo di circostanza; tutti meno il direttore che, con l'espressività di un forno a microonde, si è limitato a dirmi di sedere.

Forse ero stato davvero fortunato ed ero capitato con un gruppo di ragazzi di mentalità aperta.

Non solo sembravano gentili, ma tutti e quattro avevano un discreto livello di **PANNOCCHIÙME**.

Finite le presentazioni non ci siamo persi in chiacchiere e

siamo andati subito a vedere quello che sarebbe stato il nostro dormitorio, se avessimo firmato il contratto. Arrivati a destinazione, non potevo credere ai miei occhi.

Il complesso di palazzi in cui si trovava sembrava la casa dei sogni di "Barbie imprenditrice di successo, a cui Bill Gates può solo allacciare gli stivaletti rosa paillettati": appartamenti di lusso all'interno di un bellissimo parchetto estremamente curato, con tanto di fontana all'ingresso in stile "romano-barocco-noi abbiamo i soldi e voi no".

Il dormitorio, poi, era oltre ogni mia più **SOGNÒSA** aspettativa.

Tre grandi stanze, salotto, cucina abitabile e, soprattutto, due bagni, uno dei quali aveva antibagno, due lavandini, vasca idromassaggio e stanzino-doccia, praticamente un piccolo monolocale a sé. Inoltre, nel caso il lusso del primo bagno non fosse stato abbastanza o la Jacuzzi fosse stata occupata, c'era comunque il secondo bagno.

La mia incontrollabile passione per i bagni mi ha convinto a firmare immediatamente il contratto, senza badare troppo alle scritte in corpo tre, quelle minuscole. Accecato dai pomelli della Jacuzzi, mi sono affidato a quella casa discografica. Diamine, come si fa a dubitare di chi ti offre venti metri quadri di bagno? Come può non essere una brava persona chi ti fornisce due lavandini con piano di marmo e specchio a parete intera?

Se la bellezza del bagno non mi avesse tolto lucidità di pensiero e se su quel contratto ci fossero state scritte tutte le assurdità che sarei stato costretto a fare una volta diventato *trainee*, non avrei sicuramente firmato una **CIPPA LIPPA** e mio padre avrebbe realizzato il suo sogno di farmi diventare un montatore di mobili IKEA.

Per chi non lo sapesse, si definiscono "trainee" tutti quei ragazzi che, sotto contratto con un'etichetta discografica, si allenano per essere un giorno scelti per debuttare nel mondo dello spettacolo coreano.

Non tutti i *trainee*, infatti, riescono nell'intento e la maggior parte finisce con il buttare al vento l'adolescenza, tra infinite ore di lezione di canto, danza, recitazione, postura, dizione, cucito e storia delle ceramiche egizie.

Pensavo di conoscere tutti i rischi del mestiere e non mi ero certo trasferito dall'altra parte del mondo per farmi spaventare da qualche oretta di allenamento in più al giorno.

Già, qualche oretta di allenamento in più al giorno… e poi c'è la magica isola dei gelati arcobaleno in cui puoi ingozzarti di Magnum al caramello senza ingrassare mai.

Quando la casa discografica ha confermato che sarei diventato un *trainee*, e probabilmente avrei debuttato in una *boy band* ero al settimo cielo, come se Cristiano Malgioglio accettasse di cantare al vostro matrimonio.

Capite che con una felicità del genere non mi era possibile essere obbiettivo. Ho firmato un contratto di prigionia della durata di cinque anni con la stessa facilità con cui mio padre pensava montassi le cassettiere dell'IKEA. Papà, se non l'hai capito il tuo sogno si infrange qui: ti ricordo che sono riuscito a montare al contrario anche la statuina di SpongeBob dell'ultimo uovo di Pasqua che mi hai regalato.

Forse mio padre non ha occhio nello scovare nuovi talenti nel campo dell'arredamento d'interni, ma ricordo bene che mi disse subito che c'era qualcosa che non quadrava, in quel contratto. Ed effettivamente, forse, non ci voleva neanche questo grande intuito per gli affari: tra le altre cose, da contratto avrei avuto diritto solo al 3% dei guadagni generati dalla band. Esatto, il 3%...

Da qualche parte nel mondo all'ennesima audizione dell'ennesimo talent show coreano. Ennesimo fallimento.

GLOSSARIO

CIPÈLLO zona difficile da trovare, su cui tipicamente non batte il sole. Chiaramente non mi piace scrivere “sedere”.

FAIGAGGINE l’essere figo, ma scritto con la a. Così. Non è che devo spiegare tutto quello che scrivo.

PÀIRLA ragazzo particolarmente poco sveglio, in grado di fare cose di una stupidità mastodontica, tipo spendere 150 euro per il biglietto del concerto della sua cantante preferita e realizzare di averlo dimenticato a casa solo una volta arrivato a destinazione, dovendo così spendere ulteriori 200 euro per acquistare il biglietto da un bagarino. Parlo per sentito dire, ovviamente.

GLOSSARIO

CIPPA LIPPA un bel nulla di niente. Neanche una cippa, lippa.

FELICITÙDINE molto più che semplice felicità, come quando ti fanno le scorregge con la bocca sulla pancia.

SGNÒCCOLO ragazzo particolarmente avvenente, dai tratti delicati all'esterno e patatoso all'interno, proprio come uno gnocco di patate.

THE PANNOCCHIA GAMES

LE FATICHE DI UN TRAINEE

«Benvenuti a casa» ci ha detto il nostro nuovo manager, un armadio alto quasi due metri e largo giusto giusto la misura della porta d'ingresso. Non ho mai conosciuto una persona più spaventosa di lui. Non solo era la prima volta che vedevo un coreano di quelle dimensioni titaniche, ma era anche la prima volta che incontravo un coreano pelato, tatuato dalla testa ai piedi e, soprattutto, che dimostrava la sua vera età e non vent'anni in meno.

«Visto che dovremo vivere insieme, spero diventeremo amici in fretta» ha continuato, con un sorriso che sembrava più una minaccia che altro.

SCUSA?! Questo non me lo avevano mica detto!

L'idea di convivere con un coreano che poteva potenzialmente uccidermi, se fosse inciampato sopra di me, non mitigava lo stato già ansiogeno con cui affrontavo l'inizio della mia nuova avventura.

Per fortuna, la casa era così spaziosa che avrei potuto mantenere la distanza di sicurezza senza troppi problemi. Era ancora più grande di come me la ricordavo, perché per qualche oscura ragione, dopo la nostra prima visita, avevano tolto i mobili.

Ma pensa te, vogliono addirittura ri-arredare apposta per noi! Ma che patatoni **SBROCCOLÒSI***!*, ho pensato, sempre più convinto della scelta che avevo fatto.

«Quando pensate che arriverà l'arredamento nuovo, più o meno?» ho chiesto al manager, sperando che non mi lanciasse fuori dalla finestra per… non lo so per che cosa di preciso! Sentite, faceva paura. Ok?!

«Quali mobili?» ha risposto lui, visibilmente irritato (o forse no, a questo punto non so dirvi se mi stessi facendo troppe paranoie mentali io).

E lì ho capito la **TRAGGIÀDIA** greco-romana in cui mi ero andato a ficcare.

Non solo non avremmo mai avuto alcun mobile, ma neanche un materasso su cui dormire.

«E vattelo a comprare un materassino, tirchiarello che non sei altro!» direte voi.

Prima di tutto: non penso proprio che uno che ha appena speso 50 euro per un tappetino del mouse a forma di sedere sia tirchio…

Secondariamente, la situazione non era così facile.

Un *trainee* è senza soldi e senza stipendio. Gli acquisti per la casa venivano fatti con la carta di credito dell'agenzia, solo dopo aver ottenuto il permesso dal manager-armadio-terminator che… indovinate un po'? Esatto, spesso il permesso non ce lo dava.

Il periodo di training è sofferenza, dormire per terra è sofferenza, dormire per terra è training.

E c'era poi una questione dell'Unione: se anche mia mamma fosse stata disposta a mandarmi 100 euro per comprarmi un materasso (ed era disposta, ve lo assicuro), non avrei potuto farlo per una questione di rispetto nei confronti degli altri. Chi ero io, il campione mondiale di lancio della pannocchia arcobaleno per avere un materasso? No, signore. Si soffriva e si gioiva tutti insieme.

Tutto si basava su questo principio.

I bisogni individuali andavano buttati nell'indifferenziata per focalizzarci solo sul bene del gruppo e della casa discografica.

Era un concetto portante e non discutibile, più forte di qualsiasi buon senso, e ha condizionato la vita di noi *trainee*. In pratica, i nostri destini erano inestricabilmente uniti, nel bene e nel male, finché materasso non vi separi.

Uno dei miei compagni era leggermente sovrappeso rispetto agli standard coreani, infatti il poverino, alto circa un metro e

75, pesava ben 64 chili, praticamente quanto un lobo dell'orecchio del manager. Andava messo a dieta e anche in fretta.

«Bene, mangerà qualche insalata più degli altri» direte voi.

E no! Per il Principio dell'Unione, a dieta ci siamo finiti tutti quanti. Pure io, che forse l'unico problema che non ho è proprio essere sovrappeso.

E da quel giorno abbiamo cominciato a consumare un solo pasto al giorno.

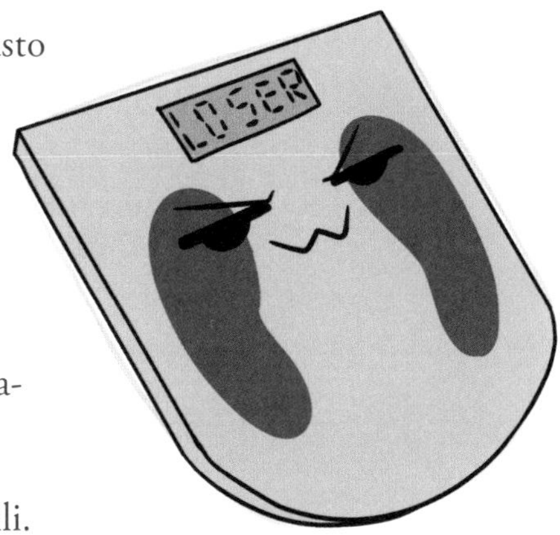

"Tanto l'idol non è mai abbastanza magro": questo è un po' il motto di tutte le agenzie che sfornano nuovi talenti qui in Corea.

Sono arrivato a pesare 54 chili.

Per rafforzare la nostra forza di volontà (o forse solo perché era una persona orribile, chi lo sa), il manager si scofanava la qualunque davanti ai nostri occhi, anche quattro volte al giorno. Evidentemente il Principio dell'Unione non valeva per lui, o forse si era mangiato anche quello.

Quello dell'Unione potrebbe anche essere un principio bellissimo, in teoria, ma applicarlo con quattro sconosciuti, che parlano una lingua che tu non conosci, a cui non sai neanche dire frasi tipo: «Attento! Il manager è dietro di te e vuole mangiarti!», non è facile. Ero in Corea da pochi mesi e il mio vocabolario era limitatissimo. Come se non bastasse, i miei compagni, dopo poco, hanno cominciato a mostrarsi distaccati nei miei confronti. Non mi davano confidenza, mi isolavano.

Neanche qualche settimana più tardi, quando sono riuscito a vincere la mia battaglia contro il sistema e il manager ha accettato di comprare dei materassini, la situazione è un po' migliorata.

Poi ho capito.

Alla band serviva qualcosa per farsi notare e sbaragliare la concorrenza e, a detta del nostro capo, quella *cosa* ero io.

Questo, probabilmente, veniva letto dai ragazzi come un mio atteggiamento alla "non avete abbastanza talento per avere successo senza di me", che, di sicuro, non è il miglior approccio per costruire una convivenza sana e **SPENSIERATÈLLA**.

Erano anche sospettosi: non credevano davvero che uno straniero potesse accettare e sopportare lo stile di vita di un *trainee*, soprattutto uno che veniva da un Paese in cui hanno trasmesso sedici edizioni del Grande Fratello.

Insomma, non si fidavano del tutto di me. E avevano ragione! Io stavo male.

E ne avevo tutti i motivi…

Con la band mentre facciamo finta di volerci bene.
Cosa che mi ha chiaramente sorpreso, se notate la mia espressione.

Nella casa le regole erano severe. La prima ce l'aveva spiegata chiaramente il manager al nostro arrivo: «Tranquilli, sarà una convivenza gioiosa e **PATATÒSA**, a condizione che seguiate ogni mio ordine alla lettera. Pena: la morte».

Ok, forse l'ultima frase potrebbe non averla detta, ma se io me la ricordo così un motivo ci sarà.

Alle 11 ci alzavamo (se vi siete fatti l'idea che dormissimo fino a tardi… **LALLÈRO LALLALÀ**, finite prima di leggere il paragrafo) e, saltando la colazione, ci dedicavamo all'allenamento quotidiano. Ci portavano in un parco pubblico dove lavoravamo sulla forma fisica: giri di corsa, salti con la corda, flessioni, evitare le scarpate che il manager ci tirava se per caso volevamo riposarci 30 secondi.

Fin qui tutto nella norma.

Dopo avere tonificato i muscoli, ci dirigevamo direttamente verso lo studio di registrazione. Esatto, direttamente. Nessuna sosta in doccia.

Non è che i coreani siano pazzi, semplicemente non puzzano.

È scientificamente provato che gli orientali hanno dei diffusori al gelsomino trifogliato al posto delle

ghiandole sudoripare. Ma le mie ghiandole occidentali funzionano in un altro modo.

Forse il manager non sapeva che impedendomi di fare la doccia dopo tutto quel movimento, potevo portare i panda all'estinzione totale, semplicemente alzando le braccia. Non mi restava che tentare di intrufolarmi in bagno per darmi una lavata clandestina. Ora che ci penso, il fatto che per la maggior parte della giornata puzzassi tipo un peto di mia mamma dopo che si mangia 4 kg di cavoletti di Bruxelles non deve avere aiutato ad aumentare il loro amore verso di me, chissà…

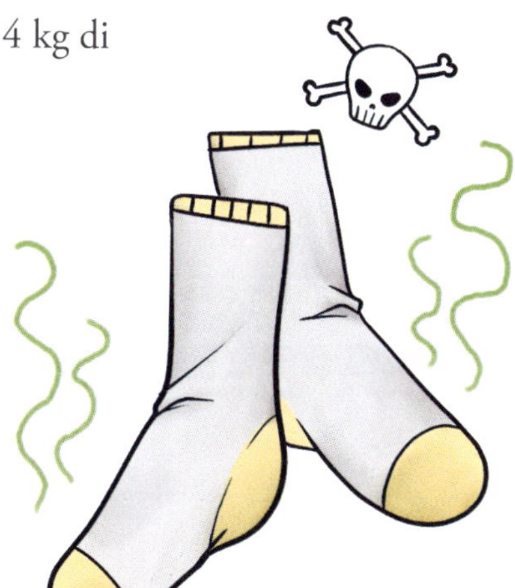

Il resto della giornata lo passavamo in studio, a seguire lezioni di canto e a dedicarci alla composizione musicale, scrivendo i nostri pezzi: restavamo chiusi lì dentro per l'intero pomeriggio.

Intorno alle 17 prendevo lezione di coreano. Un compagno di band, scelto accuratamente dopo una partita di "carta, forbice e sasso", dedicava ben sessanta minuti a insegnarmi la lingua.

Poco importa se, per insegnare una lingua, in teoria, servirebbe – la butto lì – un titolo di studio o qualche qualifica.

Passavamo le ore a cercare di leggere articoli di attualità di cui non capivo mezza parola. Dopo qualche settimana, grazie al cielo, hanno deciso che l'analisi grammaticale di un articolo di cronaca non era l'approccio migliore per uno che non riusciva neanche a leggersi il «Topolino» locale, così abbiamo cominciato ad ascoltare... sigle di cartoni animati.

Spoiler Alert: il mio coreano non è migliorato di una **PATASBRÈLLA** lessa in quel periodo.

Finito di memorizzare la sigla di *Mila e Shiro: due cuori nella pallavolo* in coreano, finalmente arrivava il momento più emozionante della giornata.

Più atteso del finale di stagione del remake della *Dottoressa Giò*: la cena.

Il primo e, in teoria, ultimo pasto che avremmo potuto consumare in ventiquattr'ore.

La cosa positiva è che quando non mangi per tutto il giorno anche una scodella di riso ti pare un piatto nove stelle Michelin appena cucinato per te da Antonino Cannavacciuolo nudo, con solo il suo grembiulino bianco a coprire le sue… OK, STO DIVAGANDO. SCUSATE, LA SMETTO.

Dalle 20 alle 23, il manager ci concedeva – udite udite – addirittura un riposino, che caro!

Guarda caso, quello era l'unico momento in cui il Principio dell'Unione valeva anche per lui.

Ho sempre ammirato il suo super potere di addormentarsi a comando in qualsiasi situazione. Nonostante avesse ronfato già tutto il pomeriggio, mentre noi eravamo in studio, riusciva a dormire anche dopo cena insieme a noi.

Ricaricate un po' le batterie, arrivava il momento da me più temuto: la lezione di danza.

Lezione di danza… detto così, forse, non rende molto.

"Maratona distruttiva di 6 ore in cui si fa a gara a chi sviene per ultimo". Ecco, suona più appropriato.

Avete letto bene, 6 ore. Da mezzanotte alle 6 del mattino.

Che orario strano, eh! Sarà forse perché prenotare di notte una sala prove costava meno?

Direi di sì, soprattutto se la stanza in questione è un sottoscala che odora di un mix letale di pipì e morte.

Avevo intuito la tirchieria dei piani alti della mia casa discografica dal fatto che non ci avessero comprato neanche mezzo mobile per arredare l'appartamento e che ci facessero mangiare solo una volta al giorno, ma obbligarci ad allenarci in piena notte in una fogna mi sembrava esagerato anche per i loro standard.

Se pensate che a rendere più lieve quella dura vita ci fossero momenti di svago, vi sbagliate.

Non potevamo uscire, né di sera né durante il week-end. Ci hanno ritirato cellulare, iPad, computer per essere certi che non comunicassimo con nessuno e che non ci distraessimo.

Una volta alla settimana avevamo il permesso di fare una telefonata.

Mi controllavano, probabilmente nel timore che scrivessi all'ambasciata per farmi venire a prendere…

Passavo le pause riposino a piangere in bagno. Meno male che il cibo coreano è piccante, così millantavo continui attacchi di cagotto improvviso.

Non potevo continuare così, avevo bisogno di sentire la voce dei miei famigliari più spesso.

A quel punto, ho deciso che mentire fosse la cosa giusta e, con un'interpretazione degna di Gemma Galgani in esterna con un ragazzo più giovane di lei di quarantacinque anni, ho fatto credere ai miei carcerieri che mia madre non stava bene.

Povera mamma. Di pericoloso nella sua vita c'era ben poco e io le ho dovuto accollare tutta una serie di patologie che neanche il più sfigato dei pazienti di *Grey's Anatomy* ha mai avuto.

Il piano malefico, comunque, ha funzionato e così ho ottenuto il permesso di fare più telefonate.

Già che c'ero, ho aperto un finto profilo Facebook per comunicare con gli amici. Mi chiamavo "Gino Paciotti" e, sinceramente, penso tuttora che questo sia il nome più bello del mondo. Con ogni probabilità, chiamerò mio figlio così.

Poi ho cominciato a inventare scuse per uscire.

Avevo pochissimi amici su cui contare. Uno di loro era Paul.

Era il mio ex coinquilino e, ai tempi, lavorava come cameriere in un piccolo bar vicino alla nostra casa, mentre faceva provini su provini per cercare di coronare il suo sogno e diventare un cantante di successo.

Fingevo di aver dimenticato nell'appartamento in cui vivevo prima con lui qualsiasi cosa mi saltasse in mente: asciugamani, mutande, antiche pitture rupestri. E ogni volta tornavo da Paul e mi sfogavo con pianti isterici e disperati. Era l'unico in grado di capirmi, perché i miei compagni di band non parlavano inglese.

Ah, giusto. Il nome completo di Paul è Paul Kim, e ora è uno dei solisti più famosi dell'intera Corea del Sud. Forse il Karma lo ha ripagato per l'immane pazienza che ha avuto con me durante quel periodo.

Chiaramente i miei compagni mi odiavano da morire per tutte queste mie "libertà", ma che ci potevo fare se ero così smemorato? Mannaggia a me!

Non è che volessi infrangere le regole, eh.

I miei erano proprio limiti strutturali, non cattiva volontà. Se mi chiudi in palestra alle 3 del mattino, io mi reggo a malapena in piedi. Non avevo la forza di ballare, nel bel mezzo della notte, senza sonno e senza cibo.

Agli occhi degli altri ragazzi passavo per pigro: per loro ero "bravo, ma non si applica", quindi mi odiavano (che ci sta: pure per loro erano le 3 del mattino, si stavano impegnando per raggiungere il successo ed erano seccati di vedere che il quinto membro della band ballava svogliatamente).

Io non so che DNA abbiano i coreani, ma loro ce la facevano più di me. Probabilmente c'entra quella convinzione coreana secondo cui non si può ottenere il successo senza passare attraverso il sacrificio.

Se avessi parlato meglio il coreano, credo che avremmo potuto affrontare l'argomento: per via dei miei limiti linguistici, avevo solo intuito che mi odiavano perché non ero disposto a soffrire abbastanza.

Ma affrontare tematiche socio-filosofiche in una lingua straniera che ancora non padroneggi è complicatissimo, e non c'è traduttore automatico che possa aiutarti.

E poi è arrivata "la scarpa" che ha cambiato le cose, segnando il picco della mia crisi.

Erano le 5 del mattino e stavamo facendo un meeting dopo la lezione di danza. Mentre il manager parlava, ho avuto la malsana idea di spostare il peso del corpo su un fianco, quando tutt'a un tratto mi sono visto arrivare una suola di Air

Force in faccia, accompagnata da un: «Un po' di educazione, stai dritto con quella schiena!», urlato malamente e corredato di occhiataccia.

Mi meritavo davvero un livido in faccia a forma di logo della Nike per aver *sghengheràto* il fianco un po' più del previsto?

All'improvviso mi si è sbloccato il coreano in testa: cioè, è l'alba, ho fatto ginnastica, lezione di musica, scritto canzoni, ballato a stomaco vuoto per tutta la notte, e non posso neppure sculettare un pochettino?

Dopo quella scarpata, anche i miei compagni hanno capito il mio punto di vista e sono diventati un pelo più simpatici.

Immagino che prendersi a scarpate fosse troppo persino per l'etica coreana. E poi sarà scattato il Principio dell'Unione – o li scarpi tutti o non li scarpi nessuno – e si saranno sentiti feriti pure loro da quella reazione un tantino sopra le righe.

A migliorare il clima tra noi ragazzi ci ha pensato in definitiva mia madre, che mi spediva ogni settimana un po' di soldi di nascosto. E io, ancora più di nascosto, ogni notte alle 4 entravo nel piccolo supermercato di quartiere e compravo da mangiare per tutti. A forza di pacchetti di patatine alla banana, li ho ammorbiditi. Forse neppure loro avevano la forza di volontà marmorea che credevano…

Dopo sei mesi di quella vita, avevamo raggiunto il risultato. Il disco era inciso e stampato, la coreografia perfetta. Insomma, c'era tutto. Eppure non è successo nulla. Zero. La casa discografica non ne ha fatto niente. Il sospetto è che non ci fossero abbastanza soldi nelle loro casse per finanziare il lancio della band, ma non sapremo mai la verità.

Perché, per una volta, la severissima immigrazione coreana è involontariamente venuta in mio soccorso: il mio visto era in scadenza e questo inghippo burocratico mi ha permesso di annullare il contratto che avevo firmato e che mi teneva vincolato per cinque anni.

Grazie ai miei problemi di documenti ho riconquistato la libertà, e con me hanno avuto la possibilità di sganciarsi anche tutti i miei compagni di band. Non abbiamo mai adorato così tanto il Principio dell'Unione.

GLOSSARIO

PATATONI SBROCCOLÒSI così teneri da provocarti una folta massa di soffici boccoli color biondo patata.

TRAGGIÀDIA evento così traumatico da provocare la perdita parziale delle funzioni cerebrali, incluso il corretto uso delle doppie e delle consonanti.

SCOFANARE mangiare con estrema foga, come se la tua vita dipendesse da quella dodicesima Kinder Fetta al Latte.

SPENSIERATÈLLA sensazione di leggerezza che occorre quando il tuo unico neurone ti abbandona per andare a guardarsi una replica di C'è Posta Per Te.

SGHENGHERARE movimento corporeo poco elegante e aggressivo, di solito provocato da stanchezza o visione prolungata di Forum. Decisamente poco sghenz.

PATASBRÈLLO parola che devi inventarti in un libro per ragazzi per fare in modo che venga pubblicato. Se spiego a cosa si riferisce poi mi spieghi il senso di perdere 20 minuti a pensare a una parola per evitare il discorso?!

5 REGOLE PER DIVENTARE
IDOL IN COREA

1. **RINGIOVANITE!** Se state pensando di diventare idol, probabilmente è già troppo tardi per voi. L'idol medio viene reclutato quando ha tra i dieci e i quattordici anni. Chiaramente ci sono eccezioni e io ne sono la prova, però in linea di massima più sei giovane e più possibilità hai di entrare in un'agenzia.

2. **STUDIATE** Smettete di leggere questo libro e correte a fare lezione di danza e canto. Chi vuole diventare idol si allena tipo Goku nella stanza dello spirito e del tempo per affinare le proprie tecniche.

3. **BUTTATEVI** La personalità è la cosa che conta di più e il nervosismo non aiuta certo a far vedere a chi vi deve giudicare quanto siete simpaticarelli e spigliati. Pensate che non avete niente da perdere, anche perché ogni settimana ci sono sempre nuove audizioni da fare!

4. **PREPARATEVI MENTALMENTE** Se credete che il training sia la parte peggiore, vi sbagliate di grosso, patate mie del cuore. Una volta debuttato con la vostra band, la vostra vita sarà ancora peggio. Dite addio alla vostra vita sociale e alle ore di sonno, almeno per i primi anni e, soprattutto, valutate se valga davvero la pena rinunciare a tutte queste cose.

5. **IMPARATE LA LINGUA E LA CULTURA** So che può sembrare ovvia come cosa, ma io in primis ho sottovalutato questo aspetto quando sono venuto qui la prima volta. Imparare una lingua e una cultura nuova richiede tanto tempo e dedizione. Mentre allenate la tecnica dello shakeramento culare, frequentate anche una scuola di lingua. Io consiglio i corsi che offrono le università.

SARANNO PANNOCCHIE

CORSI DI LINGUA E LAVORETTI PART TIME

«La tua avventura nella casa delle scarpe volanti finisce qui!»

La voce della Marcuzzi rimbombava nella mia testa mentre facevo le valigie per lasciare la prigione *trainee* e ritrovare la libertà. Quella e un materasso decente su cui dormire.

Non ci potevo credere! Dopo mesi di agonia, tutto sembrava finalmente tornare alla normalità. Avrei potuto dormire di notte, e mangiare tre pasti al giorno! Cosa poteva andare storto?

Ah, giusto.

Ero ancora un immigrato senza un valido permesso di soggiorno.

Dovevo aver fatto qualcosa di davvero terribile nella mia vita precedente per meritarmi una serie di traumi psicologici così **SCIOCCANTÀNTI**.

Forse mettevo i cereali nella tazza dopo aver versato il latte o, peggio ancora, ascoltavo la trap.

Ma non c'era tempo per indagare gli errori del mio passato. Dovevo fare qualcosa, e anche in fretta, se non volevo essere cacciato dal Paese a badilate sul deretano.

Ci sono due modi molto semplici per ottenere un visto in Corea del Sud.

Il primo è quello di sposarsi con un coreano, il secondo è quello di iscriversi all'università.

Purtroppo la mia passione per il pannocchiùme orientale mi preclude categoricamente la prima opzione (ed è ancora così, a meno che tu non stia leggendo questo libro nel 2050, quando magari le cose in Corea saranno cambiate e il matrimonio tra uomini sarà diventato una pratica accettata).

Quindi mi restava solo l'ipotesi numero due.

Dopo quattro anni in cui non toccavo un libro, sono tornato tra i banchi di scuola.

Su Tinder scrivevo di frequentare la Sogang University, una delle università più prestigiose del Paese. Un'informazione tecnicamente corretta, non fosse che in quel prestigioso istituto io ero iscritto al "corso di lingua coreana per stranieri con forti problemi comunicazionali".

Un corso per imparare il coreano suddiviso in sei livelli, ognuno della durata di tre mesi.

Io, per la cronaca, ero ancora fermo al "coreano base".

Le lezioni impartitemi dai miei compagni di band erano state completamente inutili, e io eccellevo solo nell'utilizzo disinvolto delle parolacce gratuite.

Così, benché fossi a Seoul da un po' di tempo, sono dovuto partire dal primo livello: 5 ore di lezione più compiti pomeridiani e test di verifica periodici.

Il corso di lingua è stato di gran lunga uno dei momenti più felici in Corea, un'esperienza che mi ha permesso di fare scoperte

INCREDÀIBBILI. Tipo che, oltre alle parolacce, il vocabolario comprendeva anche un inimmaginabile numero di parole utilissime. Ma, soprattutto, ho scoperto che studiare non mi dispiaceva affatto. Essere il primo della classe mi faceva sentire… intelligente.

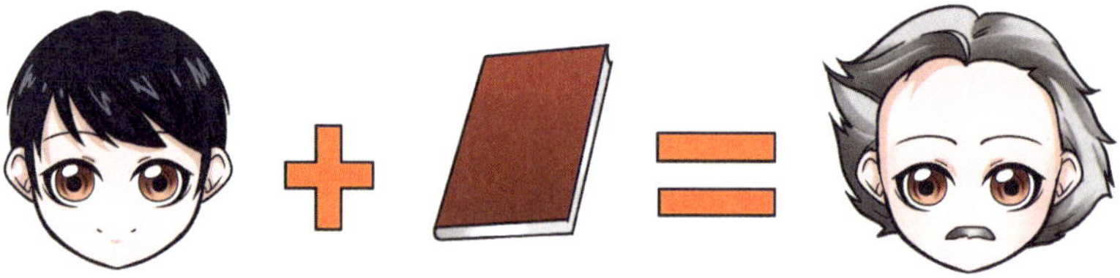

Io, che per tutto il mio percorso scolastico mi ero espressamente impegnato a fare il minimo indispensabile, non uno sforzo di più. Io, che ero uscito dalle superiori con 60 tondo, che se mi avessero dato il 61 mi sarebbe spiaciuto. Io, che ho fatto l'ITIS, il tecnico industriale, che per me era l'inferno, un ambiente in cui stavo come Raffaella Carrà in paillettes e caschetto in un convegno di pescatori dell'alta bergamasca sull'Adda. Ecco, proprio io scoprivo che ripassare il congiuntivo coreano mi dava quasi più soddisfazione che dire: «Te l'avevo detto!» alle amiche che mi raccontavano dell'ennesimo coreano sparito nell'ignoto dopo una notte passata insieme.

Avevo il massimo dei voti ed ero il cocco dell'insegnante. Gli venivano gli occhi a cuoricino appena mi vedeva entrare in classe.

Tenete presente che non ero l'unico essere approdato in quella scuola per via del visto. Con me c'era il 99% della popolazione studentesca. Con quella mia passione per la sintassi locale, però, ero un'eccezione. C'era chi partecipava a una lezione su dieci, chi arrivava e dormiva. Quelli come me, sempre pronti a declinare il verbo, erano pochi.

Quando poi si è sparsa la voce che ero andato in televisione, il mio livello di popolarità è **SPARABEMBÀTO** alle stelle. Camminavo per i corridoi come se stessi twerkando in slow-motion in un video musicale di Nicki Minaj.

Tutto molto bello, fino a quando la situazione è sfuggita di mano e un'insegnante ha cominciato a mostrare le mie apparizioni televisive come esempio durante il corso.

«Marco, tu sì che diventerai sicuramente una star!» diceva durante le lezioni.

«Anche a me piacerebbe diventare famoso» ha osato dire una volta un mio compagno di classe cinese.

«Guarda, tu non saprei, ma Marco sì!» ha risposto l'insegnante, sorridente come se le avessero appena regalato un biglietto per l'ultimo concerto di Tiziano Ferro.

Forse il tatto e l'empatia non erano proprio i suoi pregi migliori.

Tipico programma televisivo in cui facevo lo "straniero". Meriterei un Oscar solo per essere riuscito a sorridere considerando che ero sommerso dalla puzza di tonnellate di Kimchi.

I miei genitori erano così felici per quella mia svolta secchiona che hanno addirittura accettato di sovvenzionarmi. Per i primi tre mesi hanno gentilmente pagato la mia istruzione. Tra lezioni e compiti sarebbe stato difficile mantenermi, non c'era tempo per lavorare. Ricordate, io puntavo a essere il primo della classe! E poi, la mia esperienza nella casa da *trainee*, con tutti i drammi e le scarpe in faccia, li aveva impietositi. Non stavo diventando un montatore di mobili professionista come sognava mio padre, ma si trattava pur sempre di università.

Per tre mesi ho fatto lo studente, poi dal quarto mese ho deciso di recuperare la mia indipendenza economica, almeno in parte. Così ho cominciato a cercare qualche lavoretto on line.

Come al solito, avevo le idee chiarissime circa quello che desideravo: avrebbe dovuto essere un impiego compatibile con lo studio, che richiedesse pochissimo impegno e pagato straordinariamente bene.

Forse non sarebbe stato facilissimo, ma se ero riuscito a entrare in una boy band coreana, potevo fare anche questo, ok?

Solo che, ai tempi, in Corea, il salario minimo era circa 4,50 euro all'ora. Con poche ore libere al giorno avrei potuto puntare su un ricchissimo 13 euro al giorno, abbastanza per comprare la mia preziosa carta igienica e… basta, nulla di più. Qui la carta igienica costa tantissimo.

Ho cercato on line "lavori molto ben retribuiti per stranieri senza visto di lavoro con una conoscenza ancora approssimativa della lingua ma ottima padronanza del twerking in slow-motion", e sorprendentemente ho trovato un'offerta per me.

CERCASI STRANIERI DI QUALSIASI NAZIONALITÀ PER SHOOTING TELEVISIVO. PAGA: 400 EURO.

Non potevo credere ai miei occhi: 400 euro e l'unico requisito era essere straniero?

Ma io ero bravissimo a essere straniero! Non potevo farmi scappare quell'occasione. Ho estratto dal cassetto la mia arma segreta: le foto stile "modello che se la sente manco ce l'avesse dorato", scattate durante il mio periodo di training da un fotografo professionista. Per sicurezza le ho ritoccate ancora un po'. Basta guardare qualche foto di un instagrammer coreano qualsiasi per capire che qui il ritocco non è mai abbastanza.

Ho mandato tutto e sono stato scelto! Mi hanno dato un giorno, un'ora e un indirizzo a cui presentarmi.

Solo dopo ho scoperto che il provino era per un popolarissimo programma TV in cui le più famose comiche del Paese si cimentavano in gag e sketch vari. Ho passato una giornata a giocare a ping pong, Taboo e a esibirmi in qualche passo di danza. Mi sono divertito molto, soprattutto quando mi hanno pagato 400 euro. **PORCA PATATONZA**, mi sono detto. *Ma è esattamente quello che desideravo!*

Forse la ruota della fortuna aveva finalmente cominciato a girare.

Forse non ero poi stato così cattivo nella mia vita precedente.

Da quel momento ho cercato ogni altra offerta di questo tipo.

Il mio lavoro era "fare lo straniero": comparivo ovunque ci fosse bisogno di un non-coreano e sorridevo, di solito pensando a quanto mi avrebbero pagato.

E se sforavamo con l'orario ancora meglio! Cinquanta euro per ogni ora extra.

Una volta sono riuscito a portarmi a casa 200 euro in più perché delle modelle non riuscivano a battere le mani a tempo con la musica. Vedi cosa succede a scegliere le persone solo in base alle foto senza fare domande quali: «Hai delle capacità motorie sufficienti a permettere una coordinazione degli organi prensili?»

Effettivamente, alcuni di quei lavori erano un po' la fiera dell'umiliazione. Spesso ero solo una faccia sullo sfondo in qualche pubblicità dai budget milionari. Altre volte riuscivo a superarmi e a diventare color muro, in modo da mimetizzarmi completamente con l'ambiente e non comparire proprio nel video finale.

Non importava il livello di **INUTILITUDINE**, la paga era sempre la stessa e a me andava benissimo così.

In Corea vengono girate e prodotte tantissime pubblicità, molte delle quali sono poi trasmesse in altre parti del mondo. Una volta, un'amica canadese mi ha chiamato perché mi aveva visto in TV in Québec. Ci sono enormi studi di registrazione in cui arrivano produzioni da tutto il mondo, registi con budget enormi e un bisogno estremo di "stranieri" da piazzare sullo sfondo. E poi ci sono Samsung, LG, Hyundai: tutti marchi coreani che vendono ovunque e girano le loro pubblicità proprio a Seoul. Tutti in cerca di occidentali da pagare profumatamente.

Alla fine, è stato utile. Ho imparato a stare davanti alla telecamera e ho potuto partecipare a queste mastodontiche produzioni televisive. E presto mi sono reso conto di una straordinaria novità: più parlavo coreano, più era facile trovare lavoro. In quel periodo c'è stato un vero boom: è scoppiata la moda degli stranieri in televisione, anche grazie a un programma che ha riscosso un incredibile successo.

C'era una grande tavolata a cui sedevano rappresentanti di diverse nazioni, inclusa l'Italia. Ogni giorno si affrontava un argomento diverso e ogni partecipante dava la sua opinione, la visione del suo Paese sulla questione discussa. Dalla pena di morte all'evoluzione della ciabatta da mare, questo programma riusciva a cambiare argomento con una naturalezza che ho visto solo a *Pomeriggio Cinque*. Anche io ero stato chiamato a fare il provino per quel programma. Ero al terzo livello di coreano.

Padroneggiavo presente, passato e futuro discretamente, ma ero ancora lontano dal poter discutere di politica internazionale. Questo ovviamente non mi ha fermato.

«Gli italiani come conquistano una ragazza?» mi ha chiesto l'autrice durante il provino.

Finalmente tutti quegli anni di studio di recitazione e metodo Stanislavskij servivano a qualcosa.

Consapevole di essere già praticamente entrato nel cast, ho dato la mia profonda risposta.

«Cuciniamo la pasta.»

Ci credete che non sono stato preso?

È anche vero che il contatto più intimo che ho avuto in Italia con una donna è stata quella volta che al supermercato ho preso per sbaglio il carrello di un'altra signora e lei mi ha sculacciato violentemente.

Alla fine hanno preso Alberto Mondi, che tuttora è l'italiano più famoso in Corea.

Cosa avesse più di me, però, mi è sempre sfuggito.

Sì, parlava coreano perfettamente ed era un imprenditore di successo sposato da anni con una coreana però… scherzavo! Alberto merita tutto il successo raggiunto.

E subito dopo Alberto, c'ero io. Diciamo che chiamavano lui per i programmi intelligenti e me per quelli in cui Alberto non andava perché aveva di meglio da fare.

Mi ritrovavo davanti alle telecamere a rispondere alle domande più disparate, e il peggio erano i programmi in diretta. Una volta sono finito nel corrispettivo coreano di *Uno Mattina*, con il pubblico in studio e altri tre ragazzi come ospiti. Loro facevano discorsi filosofici sulla vita, io per andare sul sicuro puntavo sempre e solo sul mio cavallo di battaglia.

«Cucino la pasta.»

Qualche volta non capivo proprio la domanda, e allora improvvisavo una risposta interessante a caso. Altre volte era peggio. Capivo, ma sbagliando.

Così a un: «Che ne pensi della xenofobia nel nostro Paese», io rispondevo: «Decisamente meglio le zucchine fritte». Mi vergognavo da morire e ogni volta mi maledicevo per avere accettato l'invito, ma se ci ripenso adesso so che è stata un'esperienza. Orribile, umiliante, ma un'esperienza.

Più programmi televisivi facevo e più capivo quanto fosse necessario crearmi un personaggio.
Un personaggio che però doveva nascondere alcuni lati di me.

La mia manager sapeva della mia **OMOSESSUALITÙDINE**, ma non potevo dichiararlo pubblicamente.

Ai tempi solo un comico coreano aveva avuto il coraggio di face coming-out ed è stato bannato dalla televisione per quasi cinque anni.

Che poi, onestamente, a vivere qui finisci per odiare la patata coreana. È ovunque, anche dove non dovrebbe essere. L'ho trovata persino nella pizza, e non è stata una bella esperienza. Non importa quanto tu sia indifferente alla patata, se vai in televisione e sei un uomo ti deve piacere.

Allora andavo in TV a raccontare delle mie **BELLEZZOSÌSSIME** ex coreane e di quanto fossero incredibili le bellezze locali. Ho inventato delle storie davvero fantasiose, con una faccia di tolla mirabile. Ci sono ancora le mie interviste, in cui dichiaravo il mio amore per le coreane. «Le adoro tanto che vorrei subissarle di regali...» In TV ci si aspetta che tu vada a elogiare prima di tutto la Corea, poi la vita in Corea e infine la vita in generale. Niente critiche, nessuno scandalo.

Inventarsi ormoni inesistenti e dare risposte a caso sembrava la formula giusta per avere successo e le offerte di lavoro continuavano ad arrivare.

I lavori erano anche tanti, ma mi ritrovavo a ripetere le stesse cose (prevalentemente figuracce), e dopo qualche mese ero diventato esperto e anche un po' annoiato.

Certo, la vita nel mondo dello spettacolo non è sempre facile, né prevedibile. Riserva sorprese, tipo la volta in cui ho preso la scabbia.

Eravamo in montagna per girare un programma basato su un'idea piuttosto efficace: hanno preso due stranieri e tre coreani, tutte persone diverse, e le hanno messe insieme in modalità "reality", con telecamere puntate addosso, per insegnare loro a suonare strumenti musicali tradizionali in una settimana. Una missione al limite dell'impossibile, e anche dell'inutile. Eravamo in una casa antica, in cui si dormiva a terra, proprio come da tradizione. Per rendere il tutto ancora più **TRADIZIONALÒSO** hanno molto carinamente deciso di non pulire le camere in cui avremmo dormito. Mica c'era il pannetto antipolvere, nel 1600! Ci trovavamo in una zona remota e selvaggia, tra boschi e animali selvatici, un ambiente decisamente pittoresco, telegenico e anche lontanissimo dal garantire le più basilari norme igieniche.

Sono tornato a casa con rudimentali conoscenze musicali e strani bubboni. Per mesi ho avuto macchie sulla pelle. Il dermatologo sosteneva fossero funghi. La crema però non serviva, così ho preso appuntamento con un altro medico. Il giorno prima della visita il solletico si è fatto insopportabile, ho cominciato a grattarmi e mi è restata sotto l'unghia una piccola pallina nera. Mi sono avvicinato per guardare meglio e ho scoperto delle minuscole zampette nere che scalciavano. Fino alla mattina dopo sono rimasto a pensare agli animaletti che mi succhiavano il sangue sotto pelle… È stata la notte peggiore della mia vita.

Il giorno dopo sono corso dal dottore, che ha impiegato molto poco a formulare la diagnosi. Era scabbia.

E quella non è stata neanche l'esperienza peggiore di quel contesto.

Durante le riprese di quel programma ho sentito sulla mia pelle per la prima volta cosa fosse l'omofobia.

La mia manager era tanto carina e coccolosa, ma mantenere i segreti non era proprio il suo forte, soprattutto dopo 4 shottini di vodka.

Così una sera, mentre stavamo festeggiando la fine della

giornata, ha deciso allegramente di svelare la mia vera identità sessuale a tutti i presenti.

La reazione dei miei colleghi coreani non è stata delle migliori.

Diciamo che la reazione proprio non c'è stata, almeno quella sera.

Non vedevo così tanta gente imbalsamata dalla gita in quinta elementare al museo egizio.

Dal giorno dopo ho notato, però, che a telecamere spente nessuno mi rivolgeva la parola. Ho scoperto che quel mutismo era motivato dal fatto che non condividevano le mie "scelte" di vita.

«L'ignoranza è la cosa più difficile da combattere e a volte puoi solo ignorarla» mi ha detto una volta la mia insegnante di diritto.

Malattie orrende e discriminazioni a parte, dopo un po' sono cominciati i dubbi.

Ma io voglio lottare contro la scabbia e andare in tv a elogiare la patata coreana facendo lo straniero tutta la vita?, mi sono chiesto.

Ho iniziato a sentirmi frustrato. Erano ormai quasi tre anni che stavo in Corea e la mia prospettiva era sempre quella, interpretare la parte dello straniero, che significa continuare a fingere di scoprire cibi, specialità coreane, usanze locali che in verità conosci benissimo.

Mi ero anche rotto lo **SBARABÈMBO** di mangiare il kimchi per l'ennesima volta e urlare di gioia neanche avessi appena ingerito una parmigiana di melanzane cucinata dallo Spirito Santo.

È andata avanti tre anni ed è finita che ho capito che il lavoro non sarebbe cambiato molto neppure in futuro. Sarei rimasto uno straniero per sempre. Allora ho cominciato a pensare di dare una svolta alla mia situazione professionale.

Ma il punto di rottura ha coinciso con quello che avrebbe potuto essere il culmine del mio percorso televisivo. Ero entrato in una compagnia di ballerini che lavorava con la mia cantante preferita. Ho sentito che era la mia occasione: mi sarei divertito, sarebbe stato artisticamente gratificante e avrei ricominciato a ballare.

Sono andato in studio carichissimo ed è arrivata lei, la mia cantante del cuore.

Abbiamo cominciato a provare la coreografia per un programma in cui i cantanti famosi del momento si esibiscono su vecchie hit. In due intensissimi giorni abbiamo preparato le coreografie, lavorando ininterrottamente anche di notte, e sono arrivato in studio senza avere dormito ma super felice. Era tutto esattamente come avevo sempre sognato: **LUCI SPARAFLESCIÒSE**, fuochi d'artificio e un pubblico entusiasta pronto a urlare e a caricarti.

Ero emozionato almeno quanto mio nonno quando trova le brioches in offerta a 90 centesimi.

Un sogno, finché non ho scoperto quanto sarei stato pagato per i due giorni di prove e la giornata in studio. Venticinque euro.

Così ho capito che no, non avrei fatto il ballerino.

Per fortuna ho conosciuto Jiho, che mi ha sostenuto, incoraggiato e anche dato un supporto economico. Dividevamo le spese, e questo mi ha permesso di correre il rischio di lasciare la TV e tentare con il Web.

Su YouTube avevo sempre caricato video,

sin da prima di trasferirmi in Corea. Proprio grazie ai miei video ero stato preso dalla mia prima agenzia. Ecco quindi il mio nuovo progetto. Avrei provato a cercare un'opportunità lì, dove tutto era iniziato! Alla peggio, se proprio non avesse funzionato, avrei sempre potuto tornare in Italia per diventare un montatore di mobili professionista e fare felice papà...

GLOSSARIO

INCREADÀIBBILE non avete ancora capito che mi piace mettere vocali e doppie a caso?

SPARABEMBATA qualcosa che schizza inaspettatamente, come una carriera o… boh, non mi vengono in mente altri esempi al momento.

PORCA PATATONZA elegante e forbita espressione di sorpresa da usare per stupire gli amici del club di letteratura antica e fargli capire quanto siate su un livello superiore rispetto a loro.

INUTILITUDINE io alle superiori quando provavo a giustificare il mio ennesimo 2 in elettronica e mia mamma aveva già tirato fuori il cucchiaio di legno.

TRADIZIONALOSO conforme alle tradizioni, concetto chiaramente sconosciuto dai cuochi coreani dei ristoranti italiani che continuano a cucinare quelle cacchio di carbonare con il latte, la panna, i broccoli e il demonio.

COSA FARE
SE SEI OMOSESSUÒSO IN COREA

1 GHETTIZZATI In Corea i locali gay esistono, ma sono tutti raggruppati in ghetti, spesso difficili da trovare. Armatevi di pazienza e cercate su Internet se non avete amici a cui chiedere. Domandare ai passanti potrebbe provocare occhiatacce, urla o inseguimenti con ciabatta.

2 MANIFESTATE Nonostante la generale chiusura mentale verso la comunità lgbt+, a Seoul si tiene il Gay Pride, e ogni anno sempre più persone partecipano. Purtroppo sono ancora molti a manifestare contro la manifestazione. Sono sicuro però che tutti insieme un giorno sconfiggeremo questo bigottismo.

PANNOCCHIA & THE CITY

LA CITTÀ DELLE MERAVIGLIE

Cambiare Paese è complicato sempre, ma la Corea ha alcune caratteristiche tutte sue, che difficilmente si possono immaginare prima di arrivarci, specialmente se vieni da un paesino di 7000 abitanti della Brianza, in cui se ti molli col tuo fidanzatino storico, il giorno dopo sei in prima pagina sul giornale del paese: *Martina e Luca, avete distrutto i cuori di centinaia di casalinghe che facevano il tifo per voi.*

Immaginate il trauma nello scoprire che la città in cui mi ero appena trasferito aveva circa 1400 volte il numero degli abitanti a cui ero abituato, e che a nessuno di loro fregava una **CÌPPOLA** fritta di Martina e Luca.

Le prime settimane a Seoul sono state una scoperta continua. I miei occhi erano uno **SPRUZZINÌO** di cuoricini a ogni nuovo angolo che esploravo, e sono arrivato ad alcune sconvolgenti conclusioni. Ve le riporto qui!

SEOUL È GRANDE

Che Seoul abbia quasi 10 milioni di abitanti lo leggerete un po' ovunque, ma per capire quante siano esattamente dieci milioni di anime dovete provare a prendere la metro all'ora di punta.

L'armata di Sauron può solo rabbrividire davanti alle orde di coreani che alle otto del mattino tentano di salire sulla metropolitana. Molti si lanciano in battaglia, ma pochi ce la fanno e ottengono il tanto agognato posto nella carrozza, soprattutto se nella mischia lotta anche il nemico più temibile: la signora settantenne che, nonostante abbia tutta la giornata davanti, per qualche motivo astrale decide di dover andare a fare la spesa proprio a quell'ora.

In quel caso c'è ben poco da fare. In Corea il rispetto verso le persone anziane va oltre quello che anche l'italiano più fantasioso possa immaginare.

Forse “rispetto” non è neanche la parola giusta, parlerei più di “supremazia assoluta dell’anziano”.

Avere settant’anni in Corea non solo ti garantisce la pensione di anzianità, ma anche il super-potere di spingere, menare e urlare addosso a chiunque ti intralci la strada senza nessuna conseguenza legale.

Se venite in vacanza in Corea e non volete essere presi a bastonate in metropolitana da una nonnetta decisa ad accaparrarsi l’ultima offerta dell’Eurospin, consiglio di cominciare il vostro tour della città dalle 10 del mattino.

Con meno gente intorno è sicuramente anche meno facile perdersi. Perché se è vero che la metro di Seoul è una delle migliori del mondo, è anche vero che è così grande che la prima volta che vedrete la mappa probabilmente la ignorerete, pensando si tratti del quadro di qualche astrattista futurista dei primi del ’900.

Muoversi per questa infinita metropoli non è facile. Nel mio caso, soprattutto i primi tempi, bastava che una qualsiasi pannocchia sulla mia stessa carrozza mi distraesse un secondo per sbagliare fermata, coincidenza, cambio interplanetario e

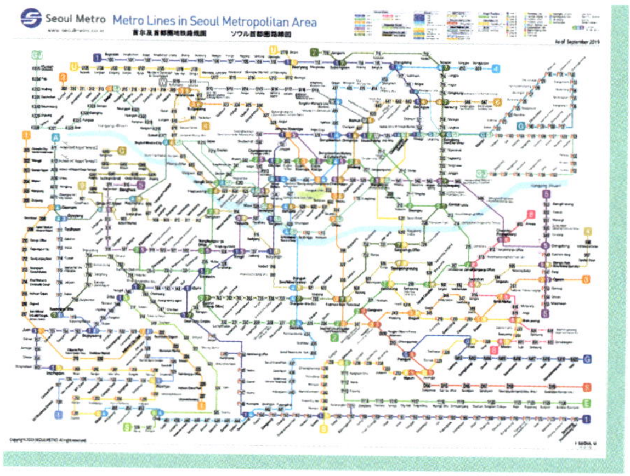

Metro di Seul. Giuro.
Ora capite tutto.

fossi costretto ad annunciare l'ennesimo ritardo di 30 minuti agli amici. Che poi i treni sono sempre così affollati che ci sono oggettivamente altissime possibilità di ritrovarti un **MANZERÈLLO** vicino. E se sei fortunato è così vicino a te che per la mancanza di spazio sarete costretti quasi ad abbracciarvi. E senti il suo profumo. E cominci a farti film sul vostro matrimonio e su come chiamerete i vostri figli. Peccato che nel 99% dei casi ti ritroverai invece vicino alla solita signora settantenne che ti spingerà durante tutto il viaggio, per proteggere il suo prezioso sacchetto della spesa. E una volta uscito da quell'inferno, probabilmente ti renderai pure conto che sei sulla linea sbagliata.

Tranquillo, il problema non sei (solo) tu. Il vero problema è la scala cromatica.

A Seoul ci sono così tante linee che hanno finito i colori per indicarle. Provateci voi a non confondere la linea verde pino con quella verde abete di bosco selvatico.
Mi sono sempre chiesto come sopravvivano i daltonici, in Corea.

Per colpa dei mezzi di trasporto coreani, ho dovuto cominciare a frequentare l'otorino con una certa regolarità, perché il mio udito non perfetto aveva iniziato a causarmi viaggi a vuoto verso oscuri meandri della città che non avrei mai voluto esplorare.

Mi spiego meglio.

A Seoul non puoi permetterti il lusso di non sentire bene una lettera della stazione in cui il tuo amico ti sta aspettando.

Un esempio? Shinjeong, Shinchon, Shincheon e Shicheon

sono nomi di quattro fermate della metro, ovviamente tutte ai lati opposti della città, alcune addirittura sulla stessa linea.

Immaginate la gioia estrema di arrivare finalmente alla vostra meta dopo un'ora di viaggio e scoprire che il vostro amico vi sta aspettando a 25 km di distanza.

Immaginate anche la gioia del vostro amico nello scoprire che dovrà aspettarvi, tanto per cambiare, almeno un'altra quarantina di minuti. E, soprattutto, immaginate quante belle parole di gioia e amore possono venirvi dette al telefono durante quei 40 minuti.

E poi ti chiedi perché le prime parole che impari di una lingua straniera sono sempre parolacce...

LA COREA È SICURA (MA COMUNQUE FATE ATTENZIONE AI TASSISTI)

Nei miei anni in Corea mi è capitato di perdere un po' di tutto: soldi, cellulari, dignità...

Focalizzare la mia attenzione sugli oggetti di valore che mi appartengono non è mai stato il mio forte.

«È che sei un artista, hai la testa tra le nuvole!» cercava di auto-convincersi mia mamma, anche quando avevo nove anni e di artistico avevo solo lo smalto che mettevo sulle unghie di nascosto.

Il fatto che avessi la memoria fotografica di una zucchina trombetta di Albenga, poi, non aiutava di certo.

Innumerevoli le volte in cui tornavo a casa da scuola con giubbotti e cappellini del mio vicino di banco, convinto che fossero capi di mia proprietà.

Innumerevoli anche le volte in cui mia mamma ha cercato di convincere la mamma del mio vicino di banco che non ero cleptomane.

Purtroppo neanche ora che ho trent'anni la situazione è cambiata molto, anche se devo dire che sto acquistando una certa artisticità nel perdere le cose. Vado particolarmente orgoglioso dell'iPad che ho perso nel monolocale in cui vivevo qualche anno fa e che non ho più ritrovato, neanche quando ho fatto il trasloco. Spero almeno di aver reso felice lo studente che si è trasferito lì dopo di me. E spero anche, per il suo bene, che non sia riuscito ad accedere alla galleria delle foto.

Con questa premessa vi chiederete come io sia ancora in possesso di una vita.

La risposta è semplice: da quando sono qui mi hanno sempre restituito tutto. Tutto tranne le cose che perdevo a casa mia, ovvio.

I coreani non sono solamente uno dei popoli più **SGNÒCCOLOSI** del mondo, ma anche uno dei più onesti. Se ti cadono dei soldi dalla tasca, il coreano che assiste alla scena dietro di te si trasforma in un Power Ranger della giustizia e la sua missione primaria diventerà automaticamente quella di ridarti i soldi indietro, qualunque cosa accada.

Poveri tutti quei cuochi che, in divisa e con ancora la padella in mano, sono corsi per strada per ridarmi il portafoglio che avevo lasciato sul bancone del ristorante.

In tutto questo **GENTILÙME**, però, c'è una categoria che si fa riconoscere: è quella dei tassisti.

Le mie esperienze più brutte sono sempre con loro.

Ricordo il primo taxi preso, quando ero a Seoul da poco.

Ero a 10 minuti a piedi da casa, ma era sera e temevo di perdermi.

Giuro che non sono così **RIMBAMBÀITO**. È che la mia prima casa era dispersa su una collina e i primi giorni tutte le stradine mi sembravano uguali.

Quindi mi sono detto: *Prendo un taxi*.

Qui i taxi sono economici e si trovano facilmente. Credevo fosse la cosa giusta da fare. A volte mi dimentico che dovrei smettere di pensare di avere delle idee "giuste".

Così fermo un'auto e do l'indirizzo.

Il conducente, davvero super smart, ha intuito subito che non ero *local* – tipo dal fatto che non spiccicavo parola e non avevo nessun tratto asiatico – e ha deciso che la tariffa, per me, poteva essere leggermente ritoccata per eccesso.

Così ha pensato di farmi fare un giro turistico della zona. Che tatìno! Forse voleva davvero permettermi di ammirare l'intricata architettura simil-neorinascimentale della panetteria che c'era all'angolo, ma alla terza volta che ci siamo passati davanti il dubbio che volesse imbrogliarmi mi è un po' venuto.

«*Ecschius me, du iu want fregarm me?*» gli ho chiesto, leggermente alterato.

«*No englisci!*» mi ha urlato lui. Forse, non parlando una parola di inglese, avrebbe dovuto abbandonare il suo sogno di diventare una guida turistica per occidentali, povero.

Alla fine il taxi è costato 30 euro per una corsa di 40 minuti. Facevo in tempo a perdermi a piedi parecchie volte, in 40 minuti.

Però non voglio darvi un'impressione negativa dei taxisti coreani. Con loro ho avuto anche delle belle esperienze, a parte giusto quella volta in cui un autista mi ha picchiato e abbandonato in autostrada.

Il conducente mi aveva riconosciuto perché mi aveva visto in TV. Il fatto che lavorassi nello spettacolo lo aveva convinto che fossi ricchissimo, ingenuo, sprovveduto e pronto a farmi imbrogliare (esattamente in quest'ordine). Così non ha acceso il tassametro all'inizio della corsa, per poi annunciarmi, tutto orgoglioso della sua trovata, che gli dovevo una cifra abominevole.

«*Patato* mio, credo proprio di doverti la metà.»

Lui insisteva, io gli ho fatto capire che non avrei ceduto. Quando ho tirato fuori il cellulare per fotografare il suo numero di licenza, lui ha inchiodato l'auto sulla corsia d'emergenza.

Non ho mai visto nessuno cambiare discorso così velocemente, passando da "la mia intolleranza al glutine mi causa leggere disfunzioni intestinali" a "sono anche cintura 'morte nera' di taekwondo, quindi preparati a essere disintegrato dalla faccia della Terra".

È sceso e mi ha sbattuto fuori, strattonandomi a forza, tirandomi per le braccia. Ha abbandonato me e la valigia a terra, su ciglio della strada.

Meno male che almeno le parolacce le avevo imparate.

LE MODE

Immaginate una interminabile coda di gente che si snoda lungo l'isolato, decine di persone tutte ordinatamente in fila che aspettano il loro turno da ore.

No, non è un firma copie di *Harry Potter* con J.K. Rowling vestita da canarino blu che vi fa la video-dedica per il compleanno di vostra cugina, è semplicemente l'ennesimo trend coreano!

In Corea accade di frequente. Ma cosa sarà mai questo **INCREDÀIBBILE** oggetto mistico per il quale vale la pena aspettare così tanto?

C'è da dire che non mi sono mai fatto plagiare. Ho resistito alla tentazione di entrare in qualsiasi fila, da buona icona di steroidi e mascolinità quale sono. Eppure l'estate scorsa qualcosa è cambiato. Sono incappato in una coda davvero mastodontica.

«Wow, deve sicuramente essere qualcosa in grado di cambiarti la vita» mi ha sussurrato il diavoletto seduto sulla mia spalla sinistra, osservando un chilometro di cristiani in fila per entrare in un negozio di Hongdae, famosa area universitaria.

Onestamente la Corea è così tecnologica e sorprendente che mi sarei aspettato qualcosa di incredibile, tipo un congegno con un bottone che, se lo schiacci, ti motiva ad andare in palestra. *Per quello le ore di fila me le farei*, mi sono detto speranzoso. Così mi sono messo dietro l'ultimo della coda.

Non riesco a descrivere il disappunto che ho provato quando ho scoperto che stavo facendo la fila per un bicchiere di latte zuccherato.

Scusatemi, chiamiamolo con il nome corretto: BROWN SUGAR MILK.

Effettivamente chiamarlo "latte zuccherato" è altamente riduttivo perché è, tenetevi forte, latte con zucchero CARAMELLATO!!!

Che poi il sapore fosse identico a

quello del latte caldo zuccherato poco importa. A nessuno interessa il sapore, lo scopo finale è postare su Instagram una foto con la faccia "io sì che sono **FÀIKA** e sono riuscita a berlo", e quello vale ben più di un pomeriggio buttato ad aspettare sotto il sole cocente.

In effetti, quando ho messo nelle mie storie la foto del mio bicchiere di latte, mi sono finalmente sentito un cittadino coreano.

Ogni stagione, comunque, ha la sua moda. I saggi sostengono che questi trend nascono da una foto condivisa su Instagram, ma quasi nessuno sa con che criterio questo avverrà. Qual è l'eminenza grigia che una mattina si alza e decide che un intero Paese impazzirà per una nuova borsa o esattamente quel paio di orecchini?

Impossibile dirlo.

Di certo, passeggiando per Seoul, ti accorgi che, ciclicamente, spuntano dal nulla bancarelle che vendono tutte la stessa cosa.

Il concetto di conformismo qui è stato portato a nuovi livelli: se *tutti* hanno un oggetto, è pericolo-

sissimo non averlo. Se *tutti* possiedono qualcosa, anche tu devi dimostrare che puoi permettertelo.

La questione file diventa poi fondamentale nel settore della ristorazione. Un italiano vede la coda e se ne va, un coreano vede la coda e sceglie proprio quel posto lì, anche se aveva in mente di andare altrove. Con i ristoranti la questione è proprio evidente. Scegli dove mangiare in base alla lunghezza della coda in attesa. Che poi, così, ti risparmi di vedere le recensioni su Tripadvisor.

Recentemente ho provato a mangiare in un ristorante italiano vuoto. Il mio preferito non aveva tavoli liberi, ma la voglia di pasta era troppa. Allora mi sono infilato nel ristorante accanto, un altro italiano. Senza coda fuori. Mi è arrivata una carbonara con panna, broccoli, peperoncino e uovo al tegamino appoggiato sopra, come fosse un delicato ornamento dall'alto valore artistico. Ripensandoci, almeno sulla questione "code dei ristoranti" i coreani ci hanno visto giusto.

E tutto questo lo si fa in parecchie situazioni. Ti metti in coda anche, per dirne una, per entrare in una delle migliori e costose università, che può garantirti un buon lavoro e uno stipendio dignitoso. Le code fanno parte della vita dei coreani.

VENTIQUATTRO ORE

Erano le 2 del mattino di una fredda notte d'inverno. Ancora una volta il maledetto **PICCANTUME** del cibo coreano aveva colpito in pieno il mio delicato stomaco da principessa sirena, e mi stavo accingendo a combattere la battaglia finale di Cessilandia, quando mi sono tragicamente accorto di una assenza tra le mie truppe che mi avrebbe sicuramente portato a una schiacciante e rapida sconfitta: era finita la carta igienica!

La disperazione era alle stelle. Lo zio Mimmo, il mio coinquilino dell'epoca, stava dormendo. E io, da buon compagno di casa, non ci ho pensato due volte prima di svegliarlo con i miei angelici ultrasuoni isterici.

«È-FINITA-LA-CART-A-IGIENICA!» ho urlato.

«VATTELA-A-COMPRARE» ha risposto lui, con tono incomprensibilmente infastidito.

«Ma dove vado a quest'ora?» ho ribattuto.

E lì ho visto il suo volto addolcirsi, con un'espressione alla "che patatini questi stranieri che non conoscono una **PÈTTOLA FRITTA** di questo nostro grande Paese", ma anche un po' "comunque domani mattina ti sveglio con una scoreggia atomica".

«Siamo a Seoul, qui c'è sempre qualcosa di aperto, puoi andare al mini-market all'angolo» ha detto lui con tono Alberto-Angelanoso.

Così mi sono incamminato, anche perché avrei voluto evitare di dovermi tergere lo zinzerello con le foglie della pianta di fico del giardino.

Zio Mimmo non mentiva.

Era tutto vero.

La mia prima volta al mini-market di notte.

Come posso dimenticare lui, il cassiere? Di solito nei mini-market i cassieri sono dei reperti fossili del Neozoico ma lui era giovane, bello e sorridente.

Difficile anche dimenticare le decine di persone in fila alla cassa, tutte chiaramente ubriache e tutte decise a dare il colpo di grazia al loro fegato, comprando altri 12 litri di birra.

Non mi sono fatto intimorire e sono corso a comprare la mia enorme confezione di carta igienica 20 rotoli più 4 in omaggio.

Da quel giorno ho capito due cose. La prima è che Seoul non si ferma, mai.
La seconda è che se vuoi chiedere il numero di telefono a un aitante cassiere coreano, non farlo con in mano una confezione di carta igienica formato convenienza.

Feste, locali, enormi grattacieli illuminati, cinema. Ci sono servizi davvero di ogni tipo accessibili a tutte le ore, soprattutto se è coinvolto l'alcol.

Bar, discoteche e locali sono aperti tutta la notte, anche durante la settimana. Siete venuti al bar in macchina ma avete bevuto 48

bottiglie di soju, e ora state strisciando per terra? Nessun problema! Con una APP chiamate l'autista che guida per voi la vostra macchina. Volete andare al cinema alle 4 del mattino a vedere l'ultimo film di Checco Zalone doppiato in coreano? I cinema hanno anche gli orari notturni.

Seoul ha la soluzione a ogni vostro problema.

A meno che il vostro problema non sia un attacco di diarrea.

Ma almeno avrete sempre qualcosa con cui pulirvi.

GLOSSARIO

MANZERÈLLO ragazzo avvenente e affascinante. Proprio come il tuo ex.

RIMBAMBÀITO persona che decide di scrivere al proprio ex tre giorni dopo che lo ha lasciato, dopo qualche bicchiere di vino, e si arrabbia perché la persona in questione non gli risponde. Ma dico, contavi così poco per lui?! Un salutino poteva pure fartelo, maledetto.

GENTILÙME l'atteggiamento cordiale e disponibile che avresti avuto nel caso il tuo ex ti avesse risposto. E invece no! Lui ti ha bloccato! Gli prendesse una diarrea acuta ogni volta che va a fare la spesa!

FREGARSENE UNA CIPPOLA FRITTA quello che dovresti fare al posto di maledire il tuo ex.

PICCANTUME caratteristica del cibo coreano che causa gastriti e tanti altri bei problemi di stomaco a tutti i coreani e a chi vive qui da tanti anni. Almeno non serve maledire i tuoi ex.

5 COSE DA SAPERE
PER VIVERE IN COREA

1. **IMPARATE QUALCHE PAROLA DI COREANO** Se non volete rischiare di ridurvi a un cumulo di cenere fumante, comprate un dizionario ITALIANO-COREANO, o affidatevi a san Google Translate.

2. **PREPARATEVI ALLE FOLLE OCEANICHE** Con i suoi 10 milioni di abitanti, è impossibile sentirsi soli a Seoul. Allenatevi a schivare le persone, se non volete finire calpestati da una mandria.

3. **SIATE INDECENTEMENTE PUNTUALI** A meno che non vogliate sperimentare l'ebbrezza provata dal Bianconiglio davanti alla Regina di Cuori, evitate di arrivare in ritardo. Per i coreani spaccare il secondo è più importante che avere gli occhiali abbinati all'oufit per Cristiano Malgioglio.

4. **SALUTATE CON UN INCHINO** Sì, i coreani si salutano così, quindi allenate bene gli addominali e i muscoli della schiena e pregate di non rimanere bloccati!

5. **PORTATE RISPETTO AGLI ANZIANI** Non si tratta solo di cedere il posto sulla metro al nonnetto, o aspettare che abbia in mano le bacchette prima di scofanarvi un ciotolone di kimchi (che, se non lo sapete, è il piatto tradizionale fatto di verdure fermentate)... No, il rispetto per gli anziani riguarda TUTTI gli anziani, ovvero chi ha anche solo un giorno più di voi.

PANNOCCHIE TEMPESTOSE

MATERASSI, PANETTIERI E LEZIONI DI DANZA

Da bambino pensavo che l'amore fosse la sensazione che si prova mangiando la pasta al ragù che cucina la mamma, la domenica.

Ed è solo a lei, la pasta al ragù, che ho dato il mio amore per i miei primi ventidue anni di vita.

Questo è un libro per tutti, anche per ragazzi, quindi cercherò di spiegarlo in modo semplice. Mi sono sempre piaciute le matite colorate e non avevo preferenze sul colore, perché a me importava solo disegnare. Purtroppo, ai miei tempi mancavano le innumerevoli applicazioni che oggi permettono agli artisti di trovarsi e incontrarsi, rendendo il lavoro creativo molto più facile.

All'epoca, i mezzi moderni sarebbero sembrati incredibili utopie, e trovarsi tra artisti era complicato. Mica potevi uscire per strada a chiedere alla gente: «Ehi, ti va di disegnare insieme?»

Si chiamano "schizzi" i primi abbozzi di un disegno, giusto?

Allora diciamo che con i coreani ho lavorato ai miei primi schizzi artistici.

Se, dopo anni di tentativi, ho deciso di cambiare nazione e fidanzarmi con un cinese, forse un motivo c'è.

In questo capitolo ho raggruppato tutte le mie principali storie prima di Jiho, in ordine tempo-pannocchiale.

IL MATERASSARO

Sicuramente la mia storia più importante e duratura, escludendo quella con Jiho: è durata ben tre mesi!

Ho conosciuto il Materassaro tramite una chat di incontri. Metà giapponese e metà coreano, indossava sempre un cappottino di pelle **SUPER-SGHENZ** indipendentemente dalla temperatura esterna. Portava il tipico taglio di capelli alla giapponese, che copre metà viso e dà quell'aura da "vissuto e maledetto", mentre i tre centimetri di BB cream gli conferivano una pelle così splendente che potevi specchiartici per fare la pulizia dei punti neri.

La comunicazione non era il nostro forte: il mio coreano era a malapena sufficiente a ordinare il caffè che abbiamo sorseggiato durante il primo appuntamento e in giapponese sapevo solo dire: «Potere del cristallo di luna, vieni a me!»

Passavo le giornate a non capire una **CIPPA LIPPA** di quello che mi diceva e a fissare le sue splendide fossette quando sorrideva. Una lingua comune sarebbe stata utile, almeno per capirlo mentre cercava di spiegarmi che viveva sotto l'effetto di potenti antidepressivi. A quel punto avrei compreso con più facilità perché dormiva tutto il giorno e si dimenticava degli appuntamenti che avevamo fissato. Non mi sarei fatto mille film sul come mi stesse tradendo, avrei risparmiato alla mia fantasia quelle scene che neanche Quentin Tarantino sotto funghetti allucinogeni avrebbe potuto creare.

Comunque, il problema non era solo la mia scarsa conoscenza del coreano: io avevo i miei buoni motivi per sospettare del Materassaro.

Ogni volta che uscivamo a bere o a ballare in un locale **OMOSESSUÒSO**, lui veniva fermato da così tanta gente che neanche Gigi D'Alessio alla sagra del casatiello di Sant'Arpino. La cosa mi puzzava ancora di più perché i ragazzi che lo fermavano erano per la stragrande maggioranza stranieri.

Ma come conosceva tutta quella gente?

Che cosa si nascondeva nel suo passato oscuro?

Nello stesso periodo, ho conosciuto uno dei miei primi amici italiani in Corea e, un bellissimo giorno di primavera, ho finalmente deciso di presentargli il mio fidanzato.

Il gelo nello sguardo del Materassaro quando si sono incontrati era così artico che nemmeno il cappottino di pelle **SGHENZ** era sufficiente a riscaldarlo. E lì la verità mi è precipitata addosso. Il bell'addormentato Materassaro era alla ricerca del miglior materasso su cui dormire, e per trovarlo aveva dovuto provarne davvero tanti, anche quello del mio amico. Ho capito che il Materassaro conosceva il colore delle lenzuola di almeno metà delle persone che lo fermava per strada, e a quel punto ho deciso di chiudere la relazione e… farmi un accurato test di tutte le malattie veneree.

Voi ora pensate che questa sia la fine della storia, giusto? E invece no! Allacciate le cinture, perché sta per arrivare un colpo di scena che neanche il finale di stagione del *Mondo di Patty*.

Anni dopo ho aperto il mio canale YouTube e sono volato in Giappone per girare un video al Boys Love Cafe. La sera dopo, finite le riprese, sono uscito con un'amica che mi ha portato a ballare in un club di Ni-chōme, la principale zona gay di Tokyo. Proprio mentre Lady Gaga si stava impossessando di me sulle note di *Just Dance*, alle mie spalle ho sentito una voce che mi diceva, in coreano: «Ciao, donnettina di facili costumini!» Mi sono girato e c'era lui, il Materassaro nella sua versione "invecchiato di sei anni". E pure invecchiato male.

«Che ci fai a Tokyo?» mi ha chiesto.

Il mio istinto di blogger ha prevalso: invece che rispondergli, ho tirato fuori il cellulare per scattare un selfie da inviare al famoso amico italiano.

Terrorizzato, il Materassaro è corso dal suo nuovo ragazzo che – i casi della vita – sembrava proprio italiano. Inutile dirvi che, nonostante il fidanzato presente, ha passato la serata a lanciarmi sguardi seducenti. Certe abitudini non cambiano proprio mai.

IL PANETTIERE EREDITIERO

E pensare che se con il Panettiere Ereditiero la storia fosse andata bene, probabilmente starei scrivendo questo libro dalla mia isoletta privata in Polinesia.

Bello, alto, amante del fitness e – incredibile – fluente in lingua inglese. Che piacevole novità: finalmente ero in grado di comunicare con la persona che stavo frequentando!

A essere sincero, con il fisico che si ritrovava avrebbe potuto anche parlarmi in **AZERBAIGIANO ANTICO** che sarebbe andato benissimo lo stesso. Dovevo ancora superare la delusione del Materassaro e non ero proprio alla ricerca della storia d'amore "*you and me* tre metri sopra il cielo *forever*". Però è arrivato lui, il Fusto Definitivo.

Forse aveva dedicato tutte le energie a modellare i bicipiti e non gliene erano rimaste a sufficienza per sostenere una conversazione, o forse – più semplicemente – non era una persona interessante, sta di fatto che, per quanto mi

impegnassi, i nostri appuntamenti erano abbastanza noiosi.

Avendo esaurito gli argomenti di conversazione, al nostro terzo incontro il Panettiere ha deciso di presentarmi i suoi due migliori amici, una ragazza e un ragazzo: mi hanno accolto con un sorriso a 85 denti e, tra una canzone e l'altra, abbiamo cominciato a chiacchierare amabilmente, come fossimo amici di merenda dalla seconda media.

«Hai fatto il colpaccio, eh!» mi ha detto l'amico con aria furba.

«Perché, scusa?» ho risposto, molto confuso.

«Un ragazzo come Bbang *(NdA: "pane", in coreano)* lo vorrebbero tutti!» ha esclamato lui, come se mi stesse dicendo la cosa più ovvia del mondo.

La mia espressione turbata quando ho scoperto il soprannome del ragazzo che stavo frequentando ("pane": che soprannome è?!) deve avergli fatto intuire che mi mancava un'informazione importante.

«Lascia stare, non dirgli niente» si è intromesso Pane.

«Non gli hai ancora detto la verità?!» ha gridato l'amico, sconvolto. La sua reazione mi ha fatto temere che il soprannomc "Pane" derivasse da qualcosa di tragico, tipo una serie di violenti omicidi ai danni dei più famosi panettieri coreani.

«Bbang è l'ereditiere di una delle più grosse multinazionali coreane di snack e dolci! Casa sua è così grande che se sei in salotto e vuoi andare in bagno ti serve il GPS, perché potresti perderti e vagare per giorni tra i corridoi» ha spiegato l'amico.

«Un momento, aspettate!» ho detto. «Quindi Bbang non solo è la versione poliglotta di un tronista di *Uomini e Donne: Korean Edition*, ma è anche miliardario?»

Un pensiero si è formato naturale nella mia testa: *Ditemi che domenica cucina la parmigiana di melanzane, e comincerò a credere che l'uomo perfetto esiste veramente…*

Sembrava magnifico, perfino troppo. Mi sono sentito la persona più fortunata dell'Asia.

Chiaramente non avevo considerato gli effetti collaterali da sopportare, se si ha intenzione di frequentare il Paris Hilton palestrato della Corea. Effetti collaterali che non sono tardati ad arrivare. Dovete sapere che in Corea gli omosessuali hanno quasi tutti due account di Facebook: uno è l'account ufficiale creato per gli amici e la famiglia, l'altro è il cosiddetto "**GAYBOOK**", un profilo con un nome finto riservato agli utenti omosessuali potenziali fidanzati. Il Panettiere del mio cuore era molto popolare su Gaybook e la sua pagina contava svariate decine di migliaia di follower, tutti coreani e tutti pronti a fare qualunque cosa pur di mettere le mani su una fragrante fetta di eredità.

Non mi ricordo neanche quante volte è stato fermato per strada da ragazzi a dir poco sfrontati che gli hanno dato il loro numero di telefono, proprio davanti a me, senza preoccuparsi troppo del fatto che lui avesse detto chiaro e tondo che io ero il suo fidanzato.

Una volta ho avuto la malsana idea di andare a ballare in un club gay con lui. È stato uno dei momenti più imbarazzanti della mia vita, perché qualche cocktail di troppo può avere effetti devastanti sulle menti di giovani omosessuali coreani alla ricerca di uno **SUGAR DADDY** che li possa mantenere per il resto della vita, mentre stanno a casa a memorizzare tutte le coreografie delle Twice.

«Mi stai dicendo che stai con questo qui?! Uno straniero?» ha starnazzato a un certo punto della serata un tizio, che mi sembrava la versione coreana e giovane di Alfonso Signorini.

Non sono un ragazzo violento, davvero, eppure quella volta ho scoperto di avere in me uno spirito "Goku Super Sayan IV" pronto a intervenire.

Grazie al cielo sono riuscito a trattenermi, perché se avessi fatto quel che l'istinto mi suggeriva, sarei stato probabilmente accompagnato alla frontiera coreana con l'invito a non ripresentarmi mai più.

Non so quanto sarei riuscito a sopportare quella situazione, ma non ho avuto l'occasione di scoprirlo, perché il nostro paninaro ha messo fine alla relazione. Neanche due mesi dopo il nostro primo appuntamento mi ha semplicemente informato che: «Settimana prossima parto per il servizio militare, ma teniamoci in contatto!»

Inutile dirvi che da quel giorno ho visto più koala volanti che ballano la tecktonik che suoi messaggi.

Qualche anno dopo l'ho incontrato in un locale e ho tentato di salutarlo, ma sono stato bellamente ignorato.

ADESSO NON È IL MOMENTO, mi ha scritto via messaggio.

Come ho detto, non sono un ragazzo violento, ma quella è stata la seconda volta che il mio spirito "Goku Super Sayan IV" stava prendendo il sopravvento, deciso a infilargli una baguette ancora calda di forno su per il **BEDESBRALLO**.

La parte più divertente di questa storia? Siccome tutti lo chiamavano "Bbang", a un certo punto mi sono dimenticato il suo vero nome, ma mi vergognavo a chiederglielo. Sì, ho frequentato una persona per quasi due mesi e non ho la più pallida idea di come si chiamasse.

L'AMICARO

Dopo due delusioni di fila, ho deciso di provare a curare le ferite inflitte al mio cuore con l'arte. Nella speranza di sfogare tutta la mia frustrazione a ritmo di struggenti canzoni neomelodiche coreane, e di cominciare al più presto un nuovo capitolo della mia vita, mi sono perciò iscritto alle lezioni di danza contemporanea di Sydney, un'amica incontrata qualche tempo prima durante la registrazione di un reality show coreano.

Con mia grande sorpresa, c'erano altri tre ragazzi nel corso.

Con mia non grande sorpresa, sembravano tutti eterosessuali.

C'è da dire che il mio **GAY RADAR** ha incominciato ad avere crisi esistenziali dal momento del mio arrivo in questo mistico Paese. Penso che la Corea sia la nazione con la più alta percentuale di ballerini, parrucchieri e make-up artist amanti della pantegana. Aggiungeteci il fatto che qui è normalissimo per un ragazzo usare fondotinta e rossetto, e che nessuno si sconvolge se un uomo etero sceglie come accessorio un paio di orecchini a ciondolo, che scendono tipo lampadari barocchi del XVI secolo. Quindi, capite che neanche il centro assistenza della NASA può sistemarlo, il vostro radar…

Ricordo ancora un ballerino classico italiano che ho incontrato qualche anno fa a una festa in Corea, disperato perché nemmeno uno dei venti danzatori coreani della sua compagnia era gay, almeno ufficialmente.

Così ho cominciato a frequentare il corso di danza di Sidney, dove un pannocchione in particolare ha catturato subito la mia attenzione.

Non era esattamente un adone. Al contrario, era bassino e tarchiatello, ma dopo l'orribile esperienza con il Panettiere avevo deciso di prendermi una pausa dalle statue greche, che attirano gli uomini tipo i piccioni del Duomo di Milano quando gli tiri i pezzi di pane.

Quella volta, perciò, ero ben deciso a concentrarmi sulla danza e lasciar stare la mietitura dei campi di granoturco. Non sono però riuscito a trattenermi e ho condiviso con Sydney quello che si dice in Italia, cioè che "le persone basse compensano i centimetri che mancano in altezza in altre parti del corpo".

Io intendevo i piedi, e la mia era una nozione puramente storico-culturale, ma – chissà come mai – la maliziosa Sydney ha interpretato la mia frase come un interesse verso quel ragazzo. E la coreografia successiva è diventata casualmente un passo a due.

«Non dovete per forza fare coppia con una persona del sesso opposto» ha specificato Sydney, guardando il tizio. «Anzi, faccio io le coppie» ha aggiunto, sentendosi un'esperta Cupido. E non ci voleva una grande fantasia per capire dove volesse andare a parare.

La nostra prima coreografia insieme è stata un'esperienza mistica, un misto tra imbarazzo, sguardi accattivanti e frecciatine dai doppi sensi neanche troppo doppi.

Non è stato difficile capire quanto anche a lui – inguainato in una tutina aderente – apprezzasse il momento.

Consapevoli di quanto fosse stato bello danzare insieme, lo stesso giorno, nello spogliatoio, ci siamo scambiati i numeri di telefono, dandoci appuntamento il sabato successivo, per cena.

Non ero sicuro che il nostro "primo appuntamento" potesse definirsi tale in *quel* senso.

Infatti, lui non mi aveva ancora ufficialmente detto di essere del **TEAM PANNOCCHIA LOVER**. Potevo solo intuire i suoi orientamenti dalla tutina aderente.

Come dovevo comportarmi? Potevo andare all'attacco o dovevo aspettare che fosse lui a fare la prima mossa?

Mi è venuta in mente una sola strategia: portarlo a bere e lasciare che fosse l'alcol a parlare al posto suo.

Grazie a tutti gli episodi di *Detective Conan* che ho visto da bambino sono riuscito ad architettare un piano malefico per convincerlo a bere. E qualche shottino di vodka dopo, lui mi ha preso la mano da sotto il tavolino del bar.

OH. MIO. DIO.

Dovete sapere che in Corea prendersi per mano è praticamente il nostro equivalente della proposta di matrimonio, e infatti già al secondo appuntamento mi ha chiesto di fidanzarci.

Tutto troppo veloce, dite? Nooo, in Corea esiste la "regola dei tre appuntamenti".

Se non ci si fidanza entro il terzo appuntamento, vuol dire che non si è fatti l'uno per l'altro ed è meglio voltare pagina e dedicarsi a qualcuno che abbia la decenza di prendere decisioni che possono cambiare la vita velocemente e senza pensarci troppo.

E so che ora voi direte: «Ma se al secondo appuntamento ti ha già chiesto di fidanzarti, cosa mai potrà fare al terzo?»

Preparatevi, perché qui si arriva a livelli di dramma scenico elevatissimi.

Il nostro terzo appuntamento è stato molto veloce. Ci siamo visti per cena e abbiamo deciso di incamminarci per una passeggiata, quando all'improvviso un ragazzo straniero ci ha fermati e ha iniziato a chiacchierare con lui.

«Scusami, è un amico di vecchia data! Vado un secondo a parlarci in privato» mi ha detto con un tono estremamente rilassato.

Se è così rilassato, questa non può che essere la verità, ho pensato.

E poi, era chiaramente innamorato pazzo di me. Mi aveva stretto la mano, giusto?

Qualche minuto dopo è tornato e abbiamo continuato la nostra passeggiata romantica su per una collina, da dove abbiamo osservato il tramonto seduti su una panchina.

Era tutto così perfetto.

«Ti va di andare a casa mia?» ho buttato lì.

D'altronde eravamo fidanzati, no? Potevamo anche spingerci un po' oltre, passare allo step successivo.

«È meglio di no, Marco» ha risposto lui. «Voglio che la nostra prima notte insieme sia speciale.»

E io mi sono sciolto in un mare di arcobaleni zuccherati.

«Hai ragione» ho detto con gli occhi a cuoricino.

Ci siamo dati appuntamento per il giorno dopo, e io sono tornato a casa fantasticando sulla nostra vita insieme, sul matrimonio, i bambini e sulla nostra villetta su due piani con il golden retriever che corre felice tra i ciliegi del giardino.

Ma poche ore prima del quarto appuntamento mi è arrivato un messaggio.

SCUSAMI, HO AVUTO DEGLI IMPEGNI FAMIGLIARI. OGGI NON POSSIAMO VEDERCI.

Preoccupato, ho chiesto qualche informazione in più, ma l'unica cosa che ha saputo dirmi è stato un: «Ci sentiamo più tardi».

Le ore passavano, i suoi messaggi non arrivavano. E forse sarebbe stato meglio se non fossero arrivati proprio.

A tarda sera, quando ormai stavo perdendo ogni speranza, è arrivata una notifica:

MI SONO RIMESSO CON IL MIO EX. NON SCRIVERMI PIÙ. BUONA VITA.

Dire che sono rimasto sconvolto è poco. Avevo intuito qualcosa, ma non mi sarei mai aspettato che avesse la sensibilità di un Bufalo Cafro Sud Africano.

Qualche ora dopo sono tornato lucido e finalmente ho capito tutto. Ancora una volta dovevo ringraziare *Detective Conan* per avermi conferito capacità investigative con le quali potrei probabilmente risolvere la maggior parte dei problemi del globo,

ma che al momento sfrutto solo per capire quale dei biscotti della confezione abbia più gocce di cioccolato.

L'amico che avevamo incontrato durante la nostra passeggiata non era un semplice amico, ma era il suo ex. Per questo si è dovuto appartare lontano da me per parlargli.

L'impegno famigliare improvviso che ha avuto il giorno dopo altro non era che un appuntamento con lui, e durante quella giornata hanno deciso di rimettersi insieme.

Che schifo, ho pensato.

Senza neanche rispondergli, ho bloccato il suo numero. Poi ho digitato l'ultimo messaggio della giornata: CARA SYDNEY, MI SA CHE LA DANZA CONTEMPORANEA NON FA PER ME.

CONCLUSIONE

A volte penso che continuare ad amare la pasta al ragù della domenica mi avrebbe fatto soffrire molto meno. Bisogna mangiare parecchie pannocchie acerbe, prima di trovarne una matura, che non vada in giro a buttare i suoi chicchi per tutti campi del Paese. Ma quando trovi quella giusta, be', puoi mangiare popcorn tutti i giorni fino allo sfinimento per il resto della tua vita. L'amore è bellissimo.

GLOSSARIO

SGHENZ estremamente affascinante e alla moda. Tipo Enzo Miccio quando va a correre.

SUPER-SGHENZ molto estremamente affascinante. Tipo Enzo Miccio a un matrimonio.

OMOSESSUÒSO pannocchia a cui piacciono le pannocchie.

BOYS LOVE CAFE tipo di locale giapponese in cui lavorano solo camerieri maschi che, vestiti da studenti del liceo, si stuzzicano amorosamente davanti a te tutto tempo, facendoti sentire sporco dentro ma anche estremamente felice per qualche motivo.

GAYBOOK quando sei un coreano omosessuòso e ti crei un profilo Facebook a parte per incontrare altri pannocchioni perché non puoi fare coming out.

SUGAR DADDY un fidanzato benestante, che ti compra tutto il merchandise di Sailor Moon senza battere ciglio.

ALFONSO SIGNORINI divinità greca del giudizio. La leggenda narra che con un solo sguardo sia in grado di capire il tuo grado di povertà e il numero di corna che il tuo partner ti fa al minuto.

BEDESBRALLO parte del corpo situata sotto la schiena e sopra la coscia. Potevo scrivere “sedere”, ma non l’ho fatto.

GAY RADAR per gli uomini: quel sesto senso capace di individuare chi, come te, una bella pannocchia arrosto se la mangerebbe volentieri.

Per le donne: capacità di individuare l’uomo dei tuoi sogni, se non fosse che si sta mangiando una pannocchia arrosto con il tuo migliore amico.

5 COSA DA SAPERE
SUGLI APPUNTAMENTI IN COREA

1. **ATTENTI AGLI IMPOSTORI** Se avete conosciuto il vostro partner tramite un'APP, non fidatevi troppo della sua foto profilo. In Corea photoshopparsi la vita è legale anche per i documenti ufficiali, figuriamoci per la foto di Tinder.

2. **STUDIATE LA VOSTRA CARTELLA MEDICA** Il gruppo sanguigno è molto importante, se non lo conoscete... scopritelo, perché sarà una delle prime cose che vi verrà chiesta. In Corea si crede che ogni gruppo sanguigno abbia una personalità ben definita e spesso ci si fa un'idea della persona proprio basandosi su questo.

3. **COPRITEVI LE SPALLE** In Corea per le ragazze è considerato troppo "hot" mostrare le spalle e potrebbero farsi un'idea sbagliata di voi se arrivate tutte spallate. Tutto il resto va bene, potete avere una minigonna che arriva sopra le mutande e non è un problema. E i ragazzi? Copritevi lo stesso le spalle... andare a un appuntamento in canotta è un po' too much.

4. **PREPARATE IL FEGATO** Bere alcol è parte integrante della cultura coreana. Senza un buon bicchiere di soju (alcol di riso coreano) difficilmente il pannocchione di turno rilasserà i nervi e vi aprirà il suo cuore. Se non volete bere, ditelo in anticipo e scegliete voi un caffè carino come alternativa.

5. **LA REGOLA DEI TRE APPUNTAMENTI** È di vitale importanza. Se il vostro amore dura più di tre incontri, allora durerà per sempre. O almeno teoricamente. Non abbiate il terrore di friendzonare il vostro partner prima del terzo appuntamento se non siete pienamente convinti dei vostri sentimenti. Proprio per questo i coreani sono esperti nell'arte del "ghosting", ovvero l'arte di sparire e bloccarti ovunque senza dirti niente.

DUE PANNOCCHIE SOPRA IL CIELO

UN INCONTRO SUL SET

Se dopo tutti questi capitoli **TRAGICOMMEDIÀNTI** ancora non avete capito come abbia trovato la forza di restare otto anni in questo Paese, eccomi qui pronto a illuminarvi.

La risposta, in realtà, è molto semplice: dal cielo è caduto un angelo sotto forma di paperella. L'angelo di una paperella. Aspettate, detta così forse sembra che la paperella sia *morta*. No, la papera è viva!

Se c'è una cosa che ho capito scrivendo questo libro è che non so fare metafore intelligenti.

Lo dico in parole semplici, ok? Mi sono fidanzato.

Sul mio canale YouTube non ho mai raccontato di come abbia incontrato questo adorabile volatile.

Ecco qui dunque il resoconto del nostro primo appuntamento, dal mio punto di vista e da quello di Jiho, così devo anche scrivere di meno…

LA VERSIONE DI MARCO

La prima volta che l'ho visto non potevo credere ai miei occhi: finalmente un truccatore uomo sul set! Cinque anni dopo sono ancora qui ad ammirare il nasino che da quel giorno mi ha cambiato la vita.

Autunno 2015.

Il me stesso ventiseienne era all'apice della sua carriera di "straniero col bel faccino in Corea che sa parlare un po' di coreano".

Maggio in particolare era stato un mese molto **FRUTTIVOLÒSO** ed ero riuscito ad accaparrarmi un paio di lavori particolarmente grossi.

I "lavori grossi" sono quelli in cui ci si mette lo stesso impegno di tutti gli altri, ma per il quale vieni pagato il triplo per motivi a me ancora ignoti... ma va benissimo così.

I mesi in cui ero sicuro di riuscire a pagare l'affitto senza dover mangiare quintali di noodles istantanei comprati nei negozi "tutto a un euro" erano i miei preferiti, e mi sentivo come se stessi nuotando in un mare di quesadillas al formaggio. Nel 2015 non ero ancora intollerante al lattosio.

Non avevo mai fatto una pubblicità per un brand automobilistico e il fatto che la Hyundai mi avesse scelto come uno dei suoi principali modelli per la nuova campagna mi aveva sorpreso non poco. Finalmente qualcuno si era reso conto della mia statuaria bellezza maschia. O forse avevo ritoccato un po' troppo le foto del mio portfolio, chissà.

Pronto a guidare la mia nuova auto sportiva con gli occhiali tamarri e la canotta con pelo in vista, sono arrivato sul set, carichissimo e con un sorriso a trentun denti.

No, non è un errore di battitura, mi manca un incisivo.

Con mio non grande stupore, ho subito notato che non c'erano macchine nei dintorni. L'unica cosa che potevo vedere nello studio di registrazione era un enorme telo rosso.

«Oggi fai il prestigiatore» mi ha detto il regista, come se fosse la cosa più normale del mondo.

«Ma non servono anni di studio e preparazione per fare il prestigiatore?» ho chiesto, decisamente perplesso.

«Non ti preoccupare, sarà tutto in computer grafica» mi ha rassicurato lui, con un sorriso a trentadue denti.

Quella frase mi ha tranquillizzato davvero: tendo a fidarmi molto facilmente delle persone che hanno tutti e quattro gli incisivi inferiori.

Mi sono avviato in sala trucco e sono rimasto abbagliato da un faro luminoso che mi ha fatto perdere la vista per qualche secondo.

Ma da quando si fanno le prove luci in sala trucco?!, ho pensato tra me e me.

Neanche il tempo di riprendere l'uso delle pupille, che mi sono accorto che quel fascio di luce si spostava.

Non era un faro né una luce di scena, ma un ragazzo bello in modo abbagliante. Dai tratti delicati, con un pucciosissimo nasone a patata che avrei tanto voluto schiacciare per vedere se emetteva lo stesso suono di una paperella di gomma.

Un ragazzo con una tale quantità di fondotinta sul viso da illuminare la sala con la sua luminescenza, tipo il bambino-sole dei Teletubbies.

«Sono Jiho, il tuo make-up artist» mi ha detto in coreano, con un sorriso a… ok, la smetto con questa storia dei denti.

In Corea non ero mai stato truccato da un ragazzo e mi sarebbe piaciuto approfondire un po' di più la conoscenza, ma purtroppo quella è stata una delle poche frasi che ci siano scambiati quella mattina.

I tempi sono sempre tirati durante le riprese e, mentre ti truccano, l'unica voce che senti è quella dell'assistente alla regia che ti urla indicazioni su quello che dovrai fare dopo.

Ricordo solo che quel giorno Jiho aveva deciso di farsi la doccia con una bottiglia di profumo. Ma dopo dieci spruzzi il profumo può essere tranquillamente considerato sostanza tossica e io ho più volte rischiato di svenire. Forse sarebbe stato meglio così, almeno per la pubblicità.

Diciamo che anche la computer grafica ha i suoi limiti e forse il mio approfondito studio di quindici minuti sull'espressione gesticolare dei prestigiatori non aveva dato i frutti che speravo.

Le facce estremamente deluse della crew durante la mia performance, poi, non aiutavano il mio morale che, dopo quasi due ore di tentativi, ormai era come quello di un partecipante a *Temptation Island* dopo un mese di programma e dodici cornificazioni.

«Basta. Finiamola qui. Pausa pranzo!»

Il regista era arrivato al limite: doveva farsi andare bene quello che aveva.

Così sono andato a sedermi in mensa, con un **DEPRESSÙME** che non provavo dalla volta in cui mia mamma era tornata dal supermercato con le gocciole dell'Eurospin al posto delle originali.

Decido di appartarmi a un tavolo, pronto a tuffarmi in un mare di angoscia e ansia.

Pochi secondi dopo, vedo un'ombra che si avvicina. Era forse il malefico squalo dell'autostima, pronto a sbranare gli scarsi rimasugli di dignità che mi erano rimasti?

«Sei stato bravo!» ha detto una voce familiare, con una dolcezza disarmante.

Era Jiho.

Nemmeno due ore che lo conoscevo, e già mi stava dicendo la prima bugia: doveva proprio essere una brutta persona.

Più lo ascoltavo e più mi rendevo conto che c'era qualcosa di strano nel suo modo di parlare.

«Da dove vieni?» gli ho chiesto incuriosito.

L'ho visto sbiancare, neanche gli avessi chiesto la misura del **PATASBRÈLLO**.

«P-perché?» ha balbettato lui.

«Così, curiosità.»

«Sono metà coreano e metà cinese, sono nato in Cina ma vivo qui ormai da sei anni» ha risposto con una voce tesa come una corda di violino ubriaca.

Avevo capito che qualcosa non andava, ma ho preferito non

indagare per paura di ricevere la mia seconda suola della Nike in faccia.

Abbiamo continuato a parlare del più e del meno: gli ho detto che sono italiano e ho fatto lo sbruffone facendogli vedere tutte le mie apparizioni televisive.

Ancora non concepisco questo lato di me. Ho una forte tendenza alla megalomania quando parlo con qualcuno che non conosco bene. Forse lo faccio per cercare di sopperire alle mie insicurezze e raggiungere il presunto livello della persona con la quale sto parlando.

Infinite le figure di **BERNARDELLO** che ho fatto a causa di questo lato del mio carattere, soprattutto da quando ho cominciato a lavorare nel mondo dello spettacolo.

Vantarsi per venti minuti della tua comparsata di dodici secondi in un telefilm coreano con uno dei più famosi attori del Paese non è il modo giusto per diventare *best friends forever*.

Il problema è che quando ho finito la mia sceneggiata megalomane mi sono reso conto di averlo fatto di nuovo. Avevo seriamente paura che Jiho mi odiasse, dopo quella nostra prima conversazione.

Invece no: sembrava interessato e voleva sapere tutti i dettagli delle mie comparsate di dodici secondi nelle peggiori telenovelas coreane.

Quel ragazzo mi trasmetteva una calma interiore così **CIUPOLOSA** che, all'improvviso, tutte le ansie e la negatività della giornata sembravano sparite.

Non mi interessava più di come sarebbe finita la pubblicità, l'obiettivo della giornata era solo uno: toccare il naso di Jiho. E poi tanto mi avrebbero pagato lo stesso, indipendentemente dalla mia perfomance.

Ma come si fa a far capire a una persona che si è interessati, se sei atterrito dalla paura di prendere una randellata sui denti, nel caso non ricambi la simpatia?

I chili di fondotinta in viso non sono sinonimo di omosessualitùdine, soprattutto in un Paese in cui la fidanzata sistema il trucco al ragazzo ogni dieci minuti.

Per fortuna, è accaduto l'incredibile.

«Impegnato come sei, avrai bisogno di un truccatore ogni tanto, chiamami!» mi ha detto Jiho.

«Certo! Ho sempre bisogno di un truccatore!» ho mentito spudoratamente.

Ci siamo scambiati il numero e sono tornato sul set più carico che mai.

Carica del tutto inutile perché, vista la mia torenda prova recitativa di quella mattina, avevano deciso di chiamare un altro modello per le scene successive e di lasciarmi come extra per riempire lo sfondo, tanto ormai dovevano pagarmi.

Paradossalmente, gli extra devono stare molto più sul set degli attori principali e, purtroppo, non sono più riuscito a parlare con Jiho fino alla fine delle riprese.

Da quella volta abbiamo cominciato a scriverci tutti i giorni.

Fatto sta che non mi è arrivata nessuna randellata sui denti quando gli ho proposto di andare al ristorante e mangiare una vera pasta in stile italiano.

E in oltre cinque anni di relazione le randellate sono state poche, devo dire.

Sono convinto che il destino mi abbia fatto fare quella pubblicità, nonostante non c'entrassi una cippa lippa fritta con il concept, solo per farmi incontrare il mio nasino cinese.

Poco importa la figuraccia fatta su tutti gli schermi americani in cui è andato in onda un impacciato prestigiatore con delle espressioni facciali da Pokémon in hangover. Mi basta sentire Jiho urlare: «Paperellaaaa!!!», per sentirmi immediatamente pieno di **FELICITÙME**.

Ah, giusto. La paperella.

«Perché chiami Jiho la tua paperella e perché Jiho lo urla a caso?» vi starete chiedendo.

Non lo ricordo.

Non è che perché adesso sono autore di libri posso ricordarmi tutto, ok?

So solo che quando Jiho lo dice è la cosa più tenera del mondo e questo mi basta.

Sto scrivendo il capitolo in un momento particolare. *Jiho, da più di tre mesi sei bloccato in Cina a causa di questo dannato virus, e raccontare del nostro primo appuntamento ha messo a dura prova il mio sistema lacrimale. Chissà se quando uscirà questo libro saremo riusciti a incontrarci di nuovo. Intanto, grazie per essere riuscito a sopportarmi così a lungo. Ti amo.*

Ti amo.

LA VERSIONE DI JIHO

Sono sempre stato una persona a cui non piace rimanere a casa, ma in quel periodo il lavoro andava a rilento e io avevo molto più tempo libero del solito. Così, quando ho improvvisamente ricevuto una proposta per una pubblicità da girare da lì a pochi giorni, ho accettato senza pensarci due volte.

Evviva!

Finalmente avevo qualcosa da fare!

Solo l'idea di poter uscire mi faceva sentire bene. Inoltre, dopo aver guardato il piano di lavoro e le informazioni sugli attori, il mio buon umore è schizzato alle stelle. Wow! Sul set ci sarebbero stati degli stranieri e, in particolare, un ragazzo italiano. Ai tempi della scuola ho imparato a conoscere e apprezzare l'arte italiana, mentre studiavo Belle Arti. E in Cina si parla tantissimo dell'Italia, quindi ero impaziente. Già, non vedevo l'ora di conoscere questo giovanissimo attore italiano. Aveva un'aria affascinante, assomigliava vagamente a… *ehm*, sì: Mr. Bean!

Ah! Ah!

(Scherzo, ma non troppo)

Questo me l'ha subito fatto sembrare simpatico, dandomi la giusta motivazione per quel lavoro!

Alla fine è arrivato il fatidico il giorno. Ero super impaziente, così sono arrivato sul set presto. Poco alla volta sono comparsi anche gli attori, che si sono presentati, uno dopo l'altro. E ovviamente c'era anche il Mr. Bean italiano, Marco…

Ero parecchio emozionato, ma ho finto di essere calmo. O, almeno, ci ho provato…

Dopo i saluti di rito, mi sono messo immediatamente al lavoro – *Jiho, sii professionale!* – perché non sarebbe stata una giornata facile. Girare quella pubblicità richiedeva un bel po' di tempo.

Per curiosità avevo sbirciato il copione di Marco: aveva parecchie scene da recitare. Ho pensato con ammirazione: *Ma davvero questo straniero è così bravo a parlare coreano?*

Ho sistemato i miei trucchi, Marco era impegnatissimo a studiare la sua parte e a leggere il copione, e intanto la produzione aveva servito la colazione sul tavolo. Così mi sono versato un caffè e ne ho approfittato per osservarlo, fingendo *nonchalance,* per capire che tipo di persona fosse.

Ricordavo di aver letto alcuni libri sul *feng shui* cinese tradizionale e sul *feng shui* facciale, quindi quando è arrivato il momento di truccarlo, mi sono messo a studiare i suoi lineamenti.

Ho notato il naso dall'attaccatura alta, dritto e snello. Niente naso largo! E stupende narici rivolte verso il basso. Questi tratti identificano una persona il cui destino è vivere secondo le proprie idee e i propri sogni. Un naso minuto significa questo: niente grandi ricchezze future, né incredibili risparmi. In compenso, esclude anche catastrofi economiche e perdite di proprietà...

Esatto, mentre lo truccavo deducevo tutto questo grazie al *feng shui* facciale!

In una scala da 0 a 100, Marco era già a 75 punti, per me!

Poi c'erano le sue sopracciglia: nere, dalla linea marcata e precisa. Il che suggeriva che avevo davanti una persona molto testarda e diretta, che nel lavoro sa essere ben organizzata e dare il massimo. Be', uno così non avrebbe mai avuto problemi a trovare lavoro... 80 punti per le sopracciglia!

E gli occhi, con ciglia molto scure e lunghe, orbite profonde: occhi grandi, romantici, tipici di chi crede in sé e sa di essere attraente. Quello mi ha fatto temere che Marco potesse non essere un tipo del tutto serio in amore, però i suoi tratti suggerivano anche un'indole corretta... E comunque c'era poco da fare: ogni volta che mi guardava, il mio cuore accelerava i battiti!

No, no, no, mi sono detto. *Sto ancora lavorando! Non posso pensare a queste cose!*

In ogni caso gli occhi si aggiudicavano ben 95 punti. Ho riso involontariamente a questo pensiero e Marco, vedendomi, mi ha chiesto: «Qualcosa non va?»

Ah!, ho urlato dentro di me.

Mi ha parlato!

In quel momento ho notato che la sua bocca era molto diritta, piena, con un'espressione buona. Era una persona onesta, che non mentiva ed era bravo a discutere con gli altri.

Bene, il *feng shui* facciale era completato, Marco totalizzava 80 punti.

Un punteggio di tutto rispetto, che confermava la mia prima impressione: valeva la pena conoscerlo meglio...

Ma... *sigh!* Lui era concentratissimo sul suo copione, così non abbiamo avuto l'occasione di parlarci molto. Mi sono dovuto limitare a toccargli il viso e la testa, mentre lo truccavo. La sua testa era davvero piccola... avrei voluto tenerla tra le mie mani ogni giorno...

Ho realizzato subito che Marco aveva un effetto abbastanza sconvolgente, su di me. La sua sola presenza rendeva difficilissimo concentrami su quel che stavo facendo.

Calmati, continua a lavorare, truccalo e occupati dei capelli, mi sono detto.

Per fortuna non si è reso conto dello stato confusionale in cui mi aveva fatto sprofondare. Non parlava molto, era troppo impegnato a memorizzare le sue battute, provandole ad alta voce e diventando improvvisamente molto vivace e rumoroso.

Non potrei mai stare con una persona così... mi dicevo, per tenere i nervi saldi.

Dopo essermi convinto che innamorarsi del Mr. Bean italiano non fosse una buona idea, sono riuscito a finire il lavoro.

Nonostante ciò, più si avvicinava alla fine del copione, più speravo che ci fosse l'occasione per chiacchierare.

E alla fine l'occasione si è presentata durante la pausa pranzo.

Quasi tutti i tavoli erano occupati, tranne quello di Marco, che era tutto solo.

Sembrava un po' triste e forse aveva bisogno di compagnia. Ho intuito che le cose sul set non erano andate esattamente al meglio, ma per me lui era stato bravissimo comunque.

E poi, lo capivo. Anch'io ero venuto in Corea da solo per inseguire il mio sogno di diventare make-up artist. Sapevo quanto potesse essere duro vivere e lavorare in un Paese dalla cultura così diversa.

Ho deciso di fidarmi del mio istinto e di sedermi di fianco a lui. «Sei stato bravo» ho detto.

Lui mi ha sorriso in un modo spettacolare.

Ero davvero emozionato, ma Marco è stato gentilissimo e mi ha fatto subito sentire a mio agio. Era così educato! Mi ha addirittura fatto vedere tutti i lavori che aveva fatto, per la televisione, e non solo.

Wow, ho pensato. *Che ragazzo impegnato, prende davvero sul serio la carriera…*

Mi ha fatto super piacere che avesse voglia di mostrarmi quei video, davvero!

Quello che non mi aspettavo era la sua domanda successiva: ha chiesto da dove venissi.

Mi era capitato di sentirmi "diverso", in Corea. Quindi quella domanda mi ha fatto venire mille paranoie: mi avrebbe giudicato male, se avessi detto di essere cinese? Che opinione poteva avere un italiano del mio Paese? Ho risposto balbettando, proteggendomi dietro a una mezza bugia, dicendo che ero metà cinese e metà coreano (in fondo, ero in Corea da parecchio…), e lui mi ha guardato un po' stranito.

Per fortuna non ha insistito, e dopo poco è dovuto tornare sul set. Fine della conversazione sulle mie origini, perché sul set è rimasto tutto il pomeriggio.

Il tempo è passato veloce, le riprese sono finite.

Prima di andarcene, ci siamo tutti scambiati i contatti, idealmente con l'idea di lavorare ancora insieme un giorno, chissà. E con questa scusa furbissima sono riuscito a ottenere il numero di Marco!

Ho passato qualche giorno a cercare l'opportunità per contattarlo. Il problema è che ci eravamo detti molto poco, durante quel pomeriggio. Ero stato troppo impegnato a truccarlo…

Quindi, cosa potevo inventare per giustificare un mio messaggio?

È italiano, punta su quello, mi sono detto. Ma cosa si scrive a un italiano?

Avevo molti dubbi e un grande terrore: e se la differenza culturale fosse stata troppo evidente? E se i nostri gusti fossero stati troppo diversi? E se non fossimo riusciti a comunicare? Ma soprattutto… e se non fosse stato interessato e mi avesse ignorato?

Dopo essermi tormentato con tutte queste domande, ho concluso che era normale avere dei dubbi, ma che avrei lasciato tutto nelle mani del destino.

Venivamo da Paesi diversi, magari lui stava per tornare in Italia e non l'avrei mai più rivisto. Quindi, forse mi stavo torturando con infiniti pensieri per nulla.

Alla fine, mi sono fatto coraggio, ho preso il telefono e l'ho invitato a uscire.

Ci siamo dati appuntamento in una caffetteria, e più tardi siamo andati a cena insieme. Marco era più bello e affascinante di quanto ricordassi… Chiacchierare con lui era fantastico, perfino meglio che truccarlo! Non mi aspettavo che potesse cavarsela così bene, in una lingua tanto diversa dalla sua.

Al ristorante si è comportato da perfetto italiano: mi ha consigliato che cosa ordinare, e ho fatto bene a fidarmi di lui. Era meravigliosamente educato, un vero gentiluomo. Talmente perfetto che mi è venuto un dubbio: stava recitando o esisteva davvero un ragazzo così?

Sì, esisteva.

Esiste.

Due ore dopo, quando ci siamo salutati, ho chiamato un taxi per tornare a casa. Marco, da vero gentiluomo, mi ha aperto la portiera! E appena il taxi è partito, ho capito che i miei sentimenti erano ormai fuori controllo.

Adesso non vedo l'ora di rivederlo.

GLOSSARIO

TRAGICOMMEDIÀNTI così tante traggiàdie che ormai avete dimenticato il concetto di "gioia": tutte le sfighe che vi capitano si trasformano in acute risatine isteriche per cercare di auto convincersi che la vita non è poi così male come sembra. Spoiler Alert: lo è.

FRUTTIVOLÒSO talmente pieno di soldi che vi viene il dubbio di avere in casa un enorme albero di soldi, che fa sbocciare cinquantoni come se non ci fosse un domani.

DEPRESSÙME la sensazione che si prova quando si scopre che quell'albero in casa non c'è e, probabilmente, quel mese fruttivolòso non accadrà più.

GLOSSARIO

FIGURE DI BERNARDELLO brutte figure, comparabili a quelle che fa Bernardello. (Ho inventato un nome che, spero, non esista, ma se qualcuno di voi si chiamasse Bernardello, mi scuso!)

CIUPOLOSA positiva e coccolosa. La sensazione che provereste se nuotaste in un mare di marshmallow a forma di pannocchia.

FELICITÙME contrario di depressùme. Sensazione che difficilmente proverete, soprattutto se quell'albero di soldi non si decide a crescere.

PIZZA, CARBONARA... CIAO!

LA FORTUNA NON C'ENTRA

L'**INDECISITUDINE** vitale era arrivata a livelli spengolosi.

Avevo finalmente trovato l'amore, ma il mio lavoro di "straniero che sorride alla telecamera mentre sganascia cibo piccante" era ancora l'unica mia fonte di pagnotta.

Lasciare tutto e tornare in patria, ormai, non era più un'opzione… Che fare, allora?

Dovevo trovare un modo di fare intrattenimento come volevo io: che mi permettesse di mantenermi e magari di fuggire da quell'ambiente estremamente tossico che è il mondo dello spettacolo in Corea.

Se… LALLERO LALLALÀ, CURUCCUCCU CARACCACCA!

L'unica opzione che non avevo ancora sperimentato era l'intrattenimento per adulti, ma sono così sfaigato che vivo in uno dei pochi Paesi al mondo in cui è illegale anche la visione dei contenuti **PUROPPOPPOSI**, figuriamoci filmarli!

Poi ho avuto un'illuminazione, o meglio, l'illuminazione è venuta da me.

Durante una delle solite pubblicità, in cui il mio ruolo era quello dell'essere umano che respira, ho incontrato Carson, una mia collega "respiriana".

Rispetto a me, Carson possiede una straordinaria dote: ha gli occhi azzurri e i capelli biondi, e questo in Corea vuol dire solo una cosa. È russa.

Poco importa se, in realtà, Carson è 100% americana. Il 90% dei ruoli che interpretava all'epoca era "donna facile russa".

E io che pensavo che sorridere fosse frustrante!

Dopo il collasso dell'Unione Sovietica, migliaia di ragazze

russe sono venute in Corea in cerca di una vita migliore, e l'unico visto che potevano ottenere facilmente era l'E-6, quello per l'intrattenimento.

Che tipo di intrattenimento fosse poco importava… e comunque sì, stiamo parlando dello stesso Paese in cui i siti puroppoppò sono illegali.

Mentre parlavamo di quanto fosse difficile respirare e cavarsela, Carson ha detto una frase che mi ha colpito molto.

«A volte vorrei mollare tutto e fare la youtuber, come la mia amica Megan… La conosci?»

Quattro anni fa sono iniziati a spuntare i primi youtuber stranieri in Corea. Tra i pochi di successo, Megan Bowen era sicuramente la più famosa.

«Momento, momento… Fare video su YouTube è il suo lavoro?!»

Così ha cominciato a spiegarmi tutto l'**AMBARADAMPUPPÙ** che sta dietro a questo mestiere.

Possibile che YouTube fosse sempre la soluzione a tutto?

Ho conosciuto la Corea grazie a YouTube, sono entrato in una boy band coreana grazie a YouTube, e ora YouTube poteva darmi il lavoro che mi avrebbe permesso di rimanere nel Paese che tanto amavo?

Sembrava tutto troppo bello per essere vero... ma io volevo provarci.

Dalla vita ho imparato una cosa importantissima: se lotti con tutte le tue forze per ottenere ciò che desideri, l'universo si smuove e una spintarella te la dà.

E non parlo di fortuna… E NO! Se c'è una cosa che mi **SPIPELLA** i nervi è quando qualcuno mi dice: «Che fortuna che hai avuto a…», e ci aggiunge un qualsiasi traguardo importante che ho raggiunto nella vita.

No, tesora mia! La fortuna e basta è utile quanto un libro scritto da uno youtuber.

Ok, forse sono un po' a corto di metafore ora che siamo all'ultimo capitolo.

È vero che ho avuto la fortuna di nascere in un Paese già in pieno (quasi) sviluppo, e di avere due genitori meravigliosi che hanno sempre supportato ogni mia (discutibile) passione, ma tutto il resto me lo sono guadagnato con tanto sacrificio e sudore. Spesso neanche potendomi fare la doccia.

Questo è il pippone che di solito mi ripeto quando sono demoralizzato, e anche quella volta ha funzionato.

C'era un unico, piccolissimo problema: neanche l'1% dei creatori di contenuti riesce a campare con YouTube.

Potevo davvero permettermi di lasciare tutto e rischiare così tanto?

No. Decisamente no.

Jiho credeva fortemente nel mio progetto ed era anche disposto a ospitarmi a casa sua e supportarmi economicamente se fosse stato necessario.

Io però non ero molto entusiasta all'idea di fare il mantenuto… soprattutto da una persona che, per quanto fosse la patata più tenera del mondo, mi conosceva da poche settimane.

Ma che vi ho appena detto? Se ci credi, l'universo ti aiuta in modi misteriosi.

Un giorno mi ha chiamato una mia ex-studentessa di italiano.

Sì, insegnavo italiano… Io… Che vi devo dire, a fine mese ci dovevo pure arrivare! Ma non è questo il punto.

«Fai ancora il modello?» mi ha chiesto.

Non capivo, mi stava chiedendo di darle lezioni di italiano mentre facevo finta di sfilare su una passerella?

«Sì… perché?» ho risposto, estremamente confuso.

A quel punto ho scoperto che era la figlia di uno dei direttori della EBS, una famosa emittente televisiva coreana, che stava cercando un presentatore straniero per un nuovo programma.

Vedete? Se per mesi non avessi tappezzato di annunci il Paese per cercare qualche allievo, non l'avrei mai conosciuta.

Possiamo dire che sia stata davvero solo fortuna?

Ho fatto il provino e poco dopo ho iniziato il mio primo programma da presentatore. Non ero più un ospite che parlava di come conquistasse le sue topazzone a colpi di pasta al pomodoro! E, soprattutto, potevo tranquillamente mantenermi mentre provavo a sfondare come *content creator*.

Quando finalmente ero pronto alla partenza, mi sono reso conto che sarebbe stato carino se il progetto al quale stavo lavorando avesse avuto un nome.

Vi svelo un segretello: se aprissi il mio canale oggi, non lo chiamerei di certo "Seoul Mafia".

Quando apri un canale, nonostante speri che qualcuno lo veda, non capisci cosa voglia dire immedesimarti in una persona che legge il nome senza conoscerti. Non riesci a immedesimarti proprio in un bel pacioppo di niente, in effetti.

La mia immagine voleva essere quella di un italiano che andava contro gli stereotipi dell'italiano medio.

Una cosa di Seoul che mi ha sempre fatto pensare all'immagine che hanno gli italiani all'estero è che i coreani attaccano la parola "mafia" a caso, indipendentemente dal contesto, quando si parla di Italia.

E così, soprattutto otto anni fa, spuntavano come funghi ristoranti e negozi tipo "Pizza Mafia", "Mafia Gelato" e "Camicetta Sghenz Mafiosa delle Winx". Ok, forse l'ultimo nome me lo sono inventato, ma credo di avere reso bene l'idea.

Innumerevoli le volte in cui, quando mi presentavo a qualcuno, mi chiedevano se fossi mafioso, una volta scoperta la mia nazionalità.

All'inizio devo ammettere che mi dava un po' fastidio ma

poi ho cominciato a rispondere: «Sì, trattami bene o chiamo mio padre e poi so' cacchi tui».

Pensavo fosse un'ovvia battuta, ma le espressioni impaurite del coreano di turno dicevano tutt'altro… e forse a me non dispiaceva neanche troppo la sensazione di potere che mi dava.

"Mafia" era chiaramente lo stereotipo che cercavo per il nome del canale.

Poco importava che non potessi dare questa spiegazione di un quarto d'ora a tutte le persone che leggevano il nome per la prima volta.

Errori nominali a parte, sono sempre stato una persona creativa, e pensare a delle idee per nuovi video non è mai stato un problema. Avevo anni di esperienza e **FIGURE DI MERMELLA** in Corea e nel mondo dell'intrattenimento coreano: non mi mancavano certo gli argomenti di cui parlare.

Nei miei video ho cominciato perciò a raccontare la mia vita, la cultura coreana agli italiani e quella italiana ai coreani.

Un paladino della cultura, insomma.

Un paladino della cultura che non conosceva la differenza tra congiuntivo e condizionale.

La lingua è sempre stata la difficoltà più grande, infatti.

All'inizio, non sapevo a che pubblico rivolgermi e mai avrei pensato che gli italiani potessero essere interessati a questo Paese. Così ho deciso di avviare il canale in inglese e seguire l'esempio di Megan Bowen.

«ellou everibodi en uelcom tu mai ciennellll!!!!»

Solo dopo ho capito che, forse, non ero americano come lei e che il mio inglese veniva capito solo dagli italiani.

Non importava quanti video facessi, i commenti erano quasi esclusivamente in italiano.

Eppure davo informazioni di vitale importanza per tutto il mondo!

Possibile che a nessuno fregasse una cippa lippa di sentire

un coreano che cantava Rovazzi? Ma che musica ascoltavano fuori dall'Italia?!

Neanche il toccante monologo sulle "Cipster secondo i Coreani" è riuscito ad attirare mezzo visitatore straniero.

Dopo un anno, ho incredibilmente capito che forse valeva la pena cominciare a fare video in italiano.

Non avevo dei bei ricordi collegati all'Italia, e non riuscivo a capire cosa stesse succedendo.

Ero davvero riuscito a farmi apprezzare in quel Paese che mi aveva preso in giro tutta la vita perché ero troppo effemminato e insicuro di me?

Poi ho capito! Stavo creando una community. Una community che prima non esisteva.

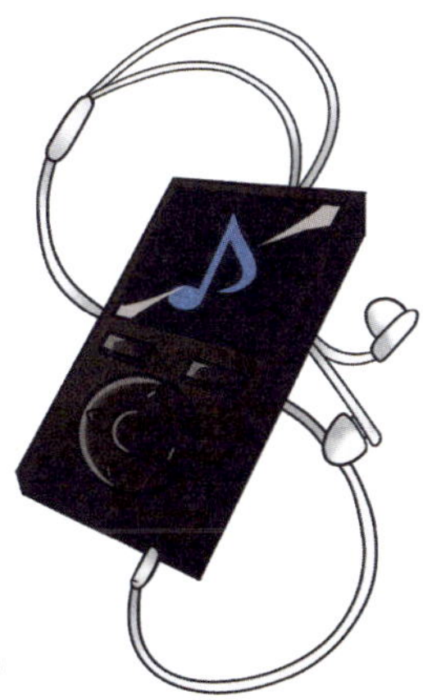

Quando ero al liceo e ascoltavo la musica coreana, dovevo nascondermi per non essere deriso.

«Perché ascolti i cinesi?» mi chiedevano

quando riuscivano a leggere i titoli delle canzoni dallo schermo del mio iPod.
All'epoca non conoscevo italiani che ascoltassero K-pop o fossero interessati alla cultura coreana: forse è quello che ha unito le persone che mi seguono così tanto.

Non è facile essere il "diverso", la persona che non segue il gregge, soprattutto quando vieni costantemente giudicato nella vita reale e virtuale.

Il Marco che si chiudeva in bagno a piangere dopo essere tornato da scuola non crederebbe mai a quello che è riuscito a realizzare in tutti questi anni.

Sappi che sono tanto orgoglioso di te, Marco teenager piagnucolone! Nonostante tutto quello che hai subito e ti hanno detto, sei riuscito a trovare nuova forza e sicurezza in te stesso e a partire per inseguire i tuoi sogni.

Bravo.
Me la voglio dire per la prima volta. Me lo merito.

A te che stai leggendo questo libro, non vergognarti mai di quello che sei.

Lavora sodo, studia e lotta per inseguire i tuoi obiettivi. Ti prometto che qualcosa accadrà.

E no, dannazione, non sarà fortuna!

Pizza… carbonara… CIAO!

Primo fan meeting di "Seoul Mafia". Avevo solo 10.000 iscritti e mi aspettavo massimo una decina di persone, e invece…

GLOSSARIO

INDECISITUDINE incapacità di risolversi in modo adeguato alle esigenze del momento. Come se vi chiedessero di decidere tra una cena al messicano o un sushi servito su un campo di pannocchie virtuose.

PUROPPOPPOSI le uniche immagini in grado di tirarti su il morale dopo che non vedi il tuo fidanzato cinese per più di sei mesi.

AMBARADAMPUPPÙ complessità estrema di elementi che neanche vi sto a spiegare, perché tanto non lo capireste, quindi perché dovrei perdere tempo a scrivervelo? Ora che ci penso, però, nel tempo in cui ho scritto questa frase potevo anche spiegarlo, il senso. Va be', ormai è andata.

GLOSSARIO

SPIPELLA fastidio, urto. Come una hit estiva dopo le prime due settimane di giugno.

MERMELLA nome scientifico delle feci del Merlo. Si distinguono dalle feci degli altri esseri viventi per essere quelle del merlo e non quelle degli altri esseri viventi.

UN BEL PACIOPPO DI NIENTE quello che trovate da Zara quando decidete di andare a fare shopping durante i saldi, e siete una taglia M in Corea (ma com'è che avete tutti la stessa taglia?!)

RINGRAZIAMENTI

Eccoci qui.

So già che scriverò queste pagine in lacrime, ma cominciamo.

GRAZIE, MAMMINA! Sei stata la mia prima fan e l'unica a credere che potessi davvero crearmi un futuro in un Paese così diverso e lontano. So quanto sia stato difficile lasciarmi andare e quanto avresti preferito che io rimanessi a casa vicino a te a fare il pàirletto. Hai sempre messo il bene dagli altri davanti al tuo. Sei un esempio per tutti.

PAPINO CARO. Dimostrare affetto non è mai stata la tua dote principale, o almeno così pensavo. Mi ci sono voluti vent'anni per capire che l'affetto non va per forza mostrato a parole. Grazie per esserci stato sempre quando ne avevo davvero bisogno. Grazie per tutte le infinite ore che hai passato in macchina per accompagnarmi a lezione di danza e, soprattutto, grazie per avermi accettato per quello che sono.

SORELLINA MIA. Sono sicuro che non hai la minima idea di quanto tu mi abbia aiutato a essere quello che sono. Vederti studiare così tanto per inseguire il tuo sogno di diventare cantante mi ha dato la forza di cominciare a studiare danza, nonostante avessi il terrore di essere giudicato. Grazie per tutti i consigli sinceri e l'affetto che mi hai dato, nonostante ti abbia rotto tutte le bambole quando eravamo piccoli.

AMICI IN ITALIA, voi sapete chi siete. Grazie per essermi sempre stati vicini sebbene non fossi proprio il più popolare della scuola o del paese. Capisco che siete persone speciali perché ogni volta che torno in Italia è come se nulla fosse cambiato. Siete l'esempio di come l'amicizia vera regga ogni distanza. Sono davvero orgoglioso di voi e di tutto quello che siete riusciti a raggiungere in questi anni.

AMICI IN COREA. Siete la mia famiglia e mi fate sentire a casa ogni giorno. Senza di voi sicuramente non sarei ancora qui. Mi avete visto nei momenti più felici e anche in quelli più difficili della mia vita. Grazie per essere rimasti al mio fianco!

Essere uno straniero in Corea del Sud a volte può essere davvero difficile, ma con voi sono sempre riuscito a superare tutto e a non arrendermi mai.

JIHO. Come faccio a ringraziarti in due righe? Grazie per avermi fatto capire che l'amore esiste. Grazie per sopportarmi ogni giorno da più di cinque anni. Grazie per riuscire a regalarmi un sorriso sempre, anche quando penso che niente vada per il verso giusto. Ti amo.

Ultime, ma non certo per importanza, **LE MIE PANNOCCHIETTE**. Una community meravigliosa che mi ha regalato alcuni dei momenti più belli della mia vita. Grazie per volermi bene nonostante tutti i miei difetti. Grazie per essere i miei psicologi nei momenti difficili. Grazie per tutto l'amore che mi date, soprattutto quando mi sento solo. Senza di voi niente sarebbe stato possibile, nemmeno questo libro. Spero di condividere con voi ancora tanto negli anni a venire.

VI VOGLIO BENE.